P·O·P·O·T·E·R
avec les
enfants

À mes bien-aimés dont l'amour
donne un sens à tout.

Mon mari exceptionnel, John,
mes merveilleux enfants, Lee et Livvy,
et notre fidèle compagnon, Bailey.

P·O·P·O·T·E·R
avec les
enfants

JENNIFER LOW

PHOTOGRAPHIES DE MARK BURSTYN

Les Éditions
Transcontinental

Les Éditions Transcontinental
1100, boul. René-Lévesque Ouest, 24e étage
Montréal (Québec) H3B 4X9
Téléphone : 514 392-9000 ou 1 800 361-5479
www.livres.transcontinental.ca

Pour connaître nos autres titres,
consultez le www.livres.transcontinental.ca.
Pour bénéficier de nos tarifs spéciaux
s'appliquant aux bibliothèques d'entreprise
ou aux achats en gros, informez-vous au 1 866 800-2500.

Catalogage avant publication de Bibliothèque et Archives
nationales du Québec et Bibliothèque et Archives Canada

Low, Jennifer
Popoter avec les enfants
Traduction de : Kitchen for Kids.
Comprend un index.

ISBN 978-2-89472-434-7

1. Cuisine - Ouvrages pour la jeunesse. 2. Cuisson au four - Ouvrages
pour la jeunesse. I. Titre.

TX652.5.L6814 2009   j641.5'123   C2009-942208-5

Ce livre a été publié originalement en langue anglaise à Vancouver, au
Canada, par Whitecap Books, sous le titre *Kitchen for Kids* Copyright
© 2004 by Jennifer Low. Cette édition française est publiée
avec l'autorisation de Whitecap Books Ltd.

Recettes de la couverture : Petits gâteaux à la vanille (p. 97),
glaçage à petits gâteaux (p. 98)

Directrice de la rédaction (version originale) : Alison Maclean
Direction artistique : Roberta Batchelor
Photographie : Mark Burstyn
Recettes et stylisme culinaire : Jennifer Low
Conception de la couverture : Roberta Batchelor et Marie-Josée Forest
Traduction et adaptation : France Giguère
Révision : Jocelyne Tétreault
Correction : Jeanne Demers
Impression : Transcontinental Interglobe

Imprimé au Canada
© Les Éditions Transcontinental, 2009, pour la version française
publiée en Amérique du Nord
Dépôt légal – Bibliothèque et Archives nationales du Québec,
4e trimestre 2009
Bibliothèque et Archives Canada

Tous droits de traduction, de reproduction et d'adaptation réservés

Nous reconnaissons, pour nos activités d'édition, l'aide financière du
gouvernement du Canada par l'entremise du Programme d'aide au
développement de l'industrie de l'édition (PADIÉ). Nous remercions
également la SODEC de son appui financier (programmes Aide
à l'édition et Aide à la promotion).

Les Éditions Transcontinental sont membres de l'Association
nationale des éditeurs de livres (ANEL)

2 Pains et craquelins 39

Pain marbré aux bananes et au chocolat 41

Pain marbré 42

Pains au chocolat 44

Brioches à la cannelle 46

Pain au cheddar 49

Bretzels moelleux 50

Petits pains aux pommes de terre 51

Pain pizza 53

Craquelins à l'ail et au poivre 54

Craquelins de blé entier 57

Remerciements 7

Introduction 9

Organiser la cuisine pour des enfants 10

Se préparer 10

Quelques conseils utiles 10

Préparer les moules 10

Mesurer les ingrédients 11

Travailler avec de la levure et du beurre 11

Utilisation du micro-ondes et du four conventionnel 12

Ustensiles de base 13

3 Biscuits 59

Biscuits au caramel 62

Macarons à la noix de coco 63

Biscuits à l'avoine et aux raisins secs 64

Biscuits aux deux chocolats 65

Biscuits aux brisures de chocolat 66

Biscuits aux noisettes 67

Biscuits alphabet, glaçage à biscuits 69

Biscuits aux amandes 71

Sablés 72

Biscuits roulés au chocolat et à la menthe 73

Bonshommes en pain d'épice 76

Biscuits étagés au chocolat 79

Biscuits étagés à la vanille 80

Garnitures à biscuits 81

Biscuits au beurre d'arachides et à la confiture 82

Biscuits arc-en-ciel 84

1 Déjeuner, dîner et souper 15

Céréales granola à l'avoine 16

Pain doré craquant 19

Muffins aux bleuets et au sucre à la cannelle 20

Croquettes de thon 21

Nouilles sautées à la thaïlandaise (*pad thaï*) 23

Penne aux deux fromages 24

Boulettes de poulet sur bâtonnets 25

Raviolis à la chinoise 27

Pizzas à la croûte parfaite 28

Pilons de poulet croustillants 30

Mini-carottes glacées 31

Mini-pain de viande surprise 33

Papillotes de pois et de maïs miniatures 34

Petits pâtés chinois 35

Boulettes de viande à l'italienne 37

4 Gâteaux 87

Gâteau blanc classique à la vanille 88

Gâteau Boston, glaçage fondant au chocolat 89

Glaçages à gâteau 91

Comment glacer un gâteau 93

Gâteau au chocolat super facile, glaçage au lait concentré
et au chocolat 95

Petits gâteaux à la vanille, glaçage à petits gâteaux 97

Gâteau carré au chocolat, glaçage crémeux
au chocolat 100

Petits gâteaux meuh-meuh 102

Pain au citron, glaçage au citron 104

Gâteau à la vanille ultraléger 106

Petits gâteaux moelleux au chocolat
et aux guimauves 107

Petits gâteaux-poudings au citron 109

Gâteau aux pêches 110

Gâteau aux pommes et à la cannelle,
glaçage à la cassonade 112

Gâteau au chocolat à trois étages,
glaçage fondant au chocolat 114

Assemblage d'un gâteau à trois étages 116

Gâteau au chocolat blanc à trois étages,
glaçage au chocolat blanc 117

Truffes moelleuses au gâteau 119

5 Tartes, carrés et autres douceurs 121

Carrés au caramel 122

Barres au beurre d'arachides et au chocolat 125

Barres Nanaimo sans cuisson 126

Brownies classiques, glaçage pour brownies 128

Carrés aux céréales de riz
et au chocolat 130

Carrés à la confiture 131

Carrés au citron 133

Choux à la crème, sauce au chocolat 134

Petits brownies aux guimauves 136

Flocons de neige 138

Petites tartes meringuées au citron 140

Tartelettes au chocolat 143

Tartelettes au sucre 144

Tarte glacée au chocolat 146

Tarte aux fruits 148

6 Friandises, régals glacés
et autres gourmandises 151

Crème glacée à saveur de tarte aux pommes 152

Crème glacée au chocolat 154

Fruits marbrés au chocolat 155

Bouchées au chocolat, aux amandes
et à la noix de coco 157

Crème glacée au lait malté et aux bananes 158

Yogourt glacé aux fraises 159

Noix de Grenoble grillées à la cannelle 160

Fudge classique 162

Fudge au sirop d'érable et aux pistaches 163

Bonbons marbrés 164

Gâteau étagé aux fraises et au chocolat 166

Guimauves à la noix de coco grillée 167

Oeufs de dinosaure 169

Glossaire 170

Abréviations des mesures 171

Bibliographie 172

Index 173

Remerciements

J'ai longtemps cherché pour mes enfants un vrai livre de recettes conçu spécialement pour eux. Une entrée dans l'univers des chefs digne de leurs rêves. Je ne l'ai jamais trouvé. *Popoter avec les enfants* n'existait pas. J'espérais, en vain, que quelqu'un l'écrive pour que je puisse en acheter un exemplaire. Un jour, lors d'une réception, le destin a voulu que je croise Robert McCullough, l'éditeur de Whitecap Books, et que j'aie l'occasion de m'entretenir avec lui. Il a vite reconnu que *Popoter avec les enfants* trouverait sa place auprès des lecteurs. Depuis, nous avons partagé beaucoup d'idées (et quelques rires), et je tiens à le remercier de m'avoir guidée avec tant de professionnalisme dans le monde de l'édition.

Aujourd'hui, je crois que j'ai compris pourquoi ce livre n'existait pas. J'ai deux jeunes enfants et, comme tous les parents le savent, quand nos petits nous tournent autour, il est difficile de nous concentrer sur notre travail. C'est pourtant à cet âge, alors que les enfants sont les plus curieux et qu'ils veulent nous aider dans tout ce que nous entreprenons, que ce livre s'avérerait le plus utile. Je me retrouvais donc devant un dilemme. J'avais le livre en tête, mais pour concevoir des recettes et concrétiser mon projet, il me faudrait d'innombrables heures. En tant que mère qui travaille et qui jongle avec un horaire chargé, où pourrais-je trouver le temps ?

C'est ici qu'intervient mon merveilleux mari, John Southerst. Pendant tous les mois que j'ai consacrés à tester et à écrire des recettes, il a assumé en super papa toutes les responsabilités : cours de piano et de soccer, sorties d'un jour, épicerie, repas, vaisselle, lessive et ainsi de suite. John ne s'est même pas plaint (en fait, pas très fort) quand notre cuisine s'est transformée en véritable pâtisserie. Sans ses efforts colossaux et son soutien indéfectible, ce livre n'aurait jamais pu voir le jour. Je le remercie du fond du coeur.

Il y a aussi une dizaine de parents à qui j'ai demandé de mettre la main à la pâte : ils ont minutieusement noté les commentaires de leurs enfants lorsqu'ils adaptaient les recettes à leur rythme. Je veux tous les remercier pour leur temps, leurs observations et leurs idées. Je remercie tout spécialement Anne Pengelly, ma « connexion australienne », qui a fait passer le mot aux antipodes et qui a répondu avec diligence à toutes mes requêtes. Merci aussi à Alison Maclean, mon imperturbable et talentueuse directrice de la rédaction, qui a non seulement ajusté le texte jusqu'à ce qu'il soit parfait, mais qui a aussi testé les recettes avec ses enfants. Le prix de l'oreille attentive va à ma soeur, Shirley Low, pour toutes ces idées que je lui ai lancées. Mon amie Veronika Martenova Charles mérite aussi un gros merci et un câlin pour m'avoir fait partager, au fil des ans, son expérience d'auteure de livres pour enfants et pour m'avoir fait bénéficier de sa sagesse.

La rédaction des recettes finie, il reste encore la moitié du travail à faire… Je tiens ici à remercier le photographe Mark Burstyn pour son talent et l'attention particulière qu'il a accordée à chaque cliché. Il a vraiment créé un petit monde à part. Merci aussi à Kerry Burstyn, pour son soutien et ses conseils, et à Roberta Batchelor, pour avoir conçu un si beau livre et pour avoir patiemment vu à tous les détails.

Bravo également à tout le personnel de Whitecap Books, qui a travaillé si fort à ce projet monumental. Ma gratitude va aussi à Lynda Reeves et à Cobi Ladner, grâce à qui j'ai pu prendre congé de mon poste de chef de la section cuisine du magazine *House & Home,* afin de mettre le point final à mon manuscrit.

Enfin, mes plus profonds remerciements vont aux enfants qui ont testé les recettes de *Popoter avec les enfants.* Âgés de 4 à 11 ans, ces enfants m'ont fortement impressionnée par leur travail acharné, leur enthousiasme et leur fierté à améliorer chaque recette. Leur passion était ma plus grande récompense. Pour moi, il ne fait pas

de doute, ils font désormais partie de mon tableau d'honneur. Les voici : Nicholas et Nathan Anderson ; Emma et Zachary Armstrong ; Daina Cers ; Aidan Chamandy ; Frankie Cook ; Alexander et Kathryn Crosby ; Hannah et Merin Denson ; Max, Tiger et Duncan Durie ; Rebecca Evans ; Allison et Rachel Finer ; Rachel Forbes ; Nicki et Sophia Forster ; Alison et Megan French ; Nicholas Hadas ; Jacob Harding ; Adam et Nicholas Hardy ; Rachel et Sarah Harrison ; Samantha Hassal ; Emily Hickey ; Quinlan Hickey ; Hannah et Charlie Johnston ; Cameron et Jarrett King ; Stephanie et Kiarra Lau ; Sydney Lau ; Jason Mah ; Misha Makarewicz ; Samantha, Katie et Erin Mason ; Rachel et Evan Mazierski ; Lisa Mochrie ; Sophia et Natalya Motluk ; Victoria Myers ; Kimberly et Maxwell Ng ; Kaylin Rabe ; Madeline et Emily Rosen ; Kate Sandercock ; Christopher Sargent ; Cailey Scherer ; Lena Sarchuk et Kai MacRae Sigurdson ; Mackenzie Smedmor ; Christian et Victoria V. Smith ; Daniel et Carter Smith ; Melissa et Amanda Sorokolit ; Nicole et Kate Taylor ; Will, Gwyneth et Gareth Thorlakson ; Alison Traub ; Rachel et Victoria Troke ; Elizabeth Wigle ; David Wood et Avril Wu.

Chapeau ! les enfants !
Jennifer

Introduction

Durant l'enfance, on devrait tous avoir la chance et le bonheur de cuisiner. Celui qui n'a pas le plaisir de mettre la main à la pâte, puis de savourer le fruit de son travail manque quelque chose. C'est dommage, car l'arôme d'un pain qui cuit et le goût unique d'un gâteau maison restent à jamais gravés dans la mémoire. La richesse des aliments devient source d'émerveillement et cuisiner se transforme en geste magique.

Ce livre contient plus de 100 recettes faciles, conçues pour les enfants. Écrit par une maman de jeunes enfants, il est unique en son genre : les apprentis cuistots n'ont pas besoin d'utiliser de couteaux coupants ni de petits appareils électriques. Ils n'auront pas non plus à utiliser les éléments de cuisson de la cuisinière. Malgré tout, ils pourront préparer des gâteries, des collations et des repas incroyables.

Chaque recette a été testée avec succès par des enfants âgés de 4 à 11 ans. Certaines exigent un minimum d'expérience, tandis que d'autres offrent l'occasion même aux plus petits de concocter quelque chose d'appétissant. Ce sont toutes de vraies recettes assez simples, adaptées pour les chefs en herbe. Des années de tests ont permis de créer des pâtes à tarte qui ne durcissent pas lorsqu'on les manipule, de mettre au point une méthode pour préparer de la pâte à pain qui ne demande pas beaucoup de temps pour lever et une façon de cuire des pâtes à la perfection sans eau bouillante.

Votre enfant apprendra à préparer de délicats choux à la crème, de savoureux raviolis, des petits pâtés chinois réconfortants ou encore des biscuits en forme de sucettes. Il sera ravi de se rendre compte qu'il peut réussir facilement tous ces régals.

Dans ce livre avant tout pratique, mesurer, mélanger, abaisser, saupoudrer et regarder avec envie et étonnement à travers le hublot du four font partie de l'expérience. Difficile de dire ce que votre enfant préfèrera… À vous de le découvrir ! La supervision et l'aide d'un adulte sont suggérées, mais les recettes sont conçues de telle façon que les enfants puissent faire le gros du travail et être fiers, avec raison, de leur réussite.

Les recettes proposées donnent de petites quantités – bien sûr, rien ne vous empêche de les augmenter si vous en voulez davantage pour partager –, car c'est plus facile pour les enfants de manier des ingrédients en petites quantités. En fait, aucune recette ne demande plus que deux oeufs. Les cuistots pourront ainsi cuisiner autant qu'ils le veulent, et il vous restera encore des oeufs pour le déjeuner. Et vos marmitons garderont des souvenirs impérissables de leurs premières expériences culinaires.

Bonne cuisine !

Organiser la cuisine pour des enfants

Se préparer

L'idée derrière *Popoter avec les enfants,* c'est de faire un livre de recettes spécialement conçu pour eux. Laissez vos enfants prendre les commandes de la cuisine : à eux de choisir la recette qui les intéresse, de rassembler le matériel, de mesurer les ingrédients, puis de cuisiner. Toutes les recettes ont été photographiées, car c'est essentiel de voir le résultat auquel il faut s'attendre.

Les enfants peuvent faire toutes les recettes du livre, de préférence sous la supervision d'un adulte. Puisque c'est vous qui connaissez le mieux les habiletés de votre enfant, à vous de déterminer l'aide dont il aura besoin. Comme aucune recette n'oblige l'enfant à se servir de couteaux coupants ou des éléments de cuisson de la cuisinière, ce sera une agréable surprise pour vous de découvrir tout ce que votre enfant peut faire par lui-même.

Quelques conseils utiles

Lisez la recette en entier. Assurez-vous d'avoir tous les ingrédients et tout le matériel requis, afin d'éviter que le moment que vous passerez avec votre enfant ne soit interrompu par une course urgente à l'épicerie. Le mieux, c'est de sortir tous les ingrédients avant de commencer.

Prenez connaissance des instructions de ce chapitre, notamment de la rubrique « Mesurer les ingrédients », avant de retrousser vos manches. Une fois que vous aurez assimilé les méthodes préconisées dans *Popoter avec les enfants,* vous obtiendrez de meilleurs résultats.

Quelques recettes se préparent en deux formats différents. Choisissez celui qui vous convient.

Vous voilà maintenant prêts à commencer. Les recettes sont rédigées de façon que vous puissiez les lire à voix haute à votre enfant. Laissez-lui le temps de finir une étape avant d'en lire une autre. Les plus vieux peuvent lire les instructions par eux-mêmes, mais vous devriez rester dans la cuisine pour les aider ou leur fournir des explications au besoin.

Préparer les moules

Ramequins et moules à gâteau ronds – Ils doivent être graissés, farinés et tapissés pour faciliter le démoulage.

Graissez et farinez le ramequin ou le moule rond avant de le tapisser. Pour graisser un ramequin ou un moule rond, badigeonnez-le avec un pinceau à pâtisserie enduit de beurre, de margarine ou d'huile végétale, ou utilisez un morceau de pellicule de plastique ou simplement un morceau de l'emballage du beurre. Dans le cas des ramequins et des moules ronds, seule la paroi a besoin d'être graissée.

Pour fariner un ramequin ou un moule rond, saupoudrez un peu de farine dans le moule après l'avoir graissé. Inclinez ou faites rouler le moule sur lui-même jusqu'à ce qu'une fine couche de farine recouvre toute la surface graissée. Frappez le moule au-dessus de l'évier pour le débarrasser du surplus de farine.

Pour tapisser un ramequin ou un moule rond, tracez un cercle sur du papier ciré ou du papier parchemin en utilisant la base du moule comme modèle. Découpez le cercle de papier légèrement plus petit que le tracé, de façon que la rondelle de papier entre bien dans le fond du moule.

Moules carrés ou rectangulaires – Il suffit souvent de les graisser et de les tapisser (il n'est pas nécessaire de les fariner).

Dans le cas des moules carrés ou rectangulaires, il vaut mieux graisser les parois et le fond. Graisser les moules aide le papier parchemin à rester en place au moment d'étendre les pâtes plus fermes. Pour graisser un moule carré ou rectangulaire, badigeonnez-le avec un pinceau à pâtisserie légèrement enduit de beurre, de margarine ou d'huile végétale, ou utilisez un morceau de pellicule de plastique ou simplement un morceau de l'emballage du beurre.

Pour tapisser un moule carré ou rectangulaire, découpez un morceau de papier parchemin assez grand pour couvrir le fond du moule et assez long pour le dépasser sur deux côtés. L'excédent permet de démouler plus facilement les gâteaux ou les carrés. Faites un pli dans le papier pour qu'il épouse bien les coins.

Plaque à pâtisserie – Pour la tapisser, découpez le papier parchemin de façon qu'il couvre l'intérieur de la plaque.

Mesurer les ingrédients

Il est essentiel de bien mesurer la farine. Ne plongez pas votre tasse à mesurer dans le contenant de farine. En procédant ainsi, vous compactez plus de farine que nécessaire. La bonne méthode consiste à **pencher le sac ou le contenant de farine, à remplir de cuillerées de farine la tasse à mesurer jusqu'à dépasser le rebord. On enlève ensuite le surplus de farine en l'égalisant à l'aide d'un couteau à bord droit,** par exemple un couteau de table ou une petite spatule en métal utilisée pour glacer les gâteaux (voir photo). Utilisez cette méthode lorsque vous mesurez plus de 1/4 tasse (60 ml) de farine. Les cuillères à mesurer peuvent être plongées dans la farine, puis égalisées.

Suivez la même méthode lorsque vous mesurez du sucre en poudre ou de la poudre de cacao non sucrée. Comme il

peut y avoir des grumeaux, brisez-les lorsque vous égaliserez la quantité d'ingrédient.

Il existe deux types de tasses à mesurer : celles pour **mesurer les ingrédients secs** (comme la farine et le sucre) et les solides (comme le beurre), et celles pour **mesurer les ingrédients liquides** (comme l'eau, le lait et le jus). Assurez-vous d'utiliser les bonnes tasses.

Pour ne pas rater votre recette, évitez de mesurer les ingrédients au-dessus du bol à mélanger (les surplus qui tombent ne pourront pas en être retirés). Mesurez plutôt les ingrédients au-dessus d'un bol vide.

Pour aider les enfants à mesurer de petites quantités de liquide, transférez les liquides dans des contenants plus petits. Par exemple, l'huile végétale peut être transvidée dans de petites bouteilles munies d'un bec et le lait peut être versé dans des tasses. Aussi, quand vous entamez une bouteille d'essence de vanille ou de vinaigre, n'enlevez pas le papier d'aluminium qui recouvre l'ouverture, mais faites plutôt un petit trou dans le papier d'aluminium pour que le débit soit plus lent.

Travailler avec de la levure et du beurre

Toutes les recettes à base de levure demandent de la levure instantanée (voir Glossaire, page 170). Pour la préparation de pain, il faut dissoudre la levure avant de l'ajouter. Saupoudrez-la sur l'eau « chaude » avec le sucre, comme indiqué dans la recette. Pour cette opération, utilisez une petite tasse, car une tasse ou un bol trop grand ferait refroidir l'eau trop rapidement. L'eau « chaude » est aussi chaude que possible, c'est-à-dire qu'on peut la toucher. L'eau doit donc être chaude sans être brûlante. Si l'eau est trop froide, la levure ne deviendra pas mousseuse. Si elle est trop chaude, la levure ne réagira pas. Quant au sucre, il aide la levure à se développer. Après avoir ajouté la levure et le sucre à l'eau, secouez la tasse légèrement pour humecter le tout. Laissez reposer au moins 10 minutes ou jusqu'à ce que le mélange devienne mousseux (voir photo). Ajoutez toute la préparation de levure (eau et mousse) dans les recettes. Comme ces recettes ne demandent pas beaucoup de levure, assurez-vous de vider complètement la tasse de la préparation de levure en la raclant avec une spatule.

S'il n'y a pas d'endroit assez chaud dans votre cuisine pour faire lever la pâte, vous pouvez en aménager un en plaçant votre bol de pâte couvert d'une pellicule de plastique sur la cuisinière (pas dans le four), avec le four réglé entre 300°F et 350°F (150°C et 180°C). Vérifiez qu'il n'y a pas de chaleur directement sur le bol provenant du four. Le bol doit être chaud au toucher, sans plus. Le mieux est d'utiliser un bol en métal pour faire lever la pâte, car il devient chaud plus rapidement.

Les recettes de gâteaux et de biscuits demandent souvent du beurre ramolli. Laissez le beurre froid ramollir à la température ambiante pendant quelques heures ou toute une nuit. Il doit être assez mou pour que vous puissiez le mélanger facilement avec du sucre à l'aide d'une cuillère de bois. Toutes les recettes sont préparées avec du beurre non salé. Ne le remplacez pas par du beurre salé, car vos préparations risquent de devenir trop salées.

Certaines recettes au micro-ondes demandent du beurre froid coupé en morceaux. Coupez-le en gros morceaux pour qu'il fonde plus rapidement.

Utilisation du micro-ondes et du four conventionnel

Dans les recettes proposées ici, les enfants n'ont jamais à utiliser les éléments de cuisson de la cuisinière. Les ingrédients sont plutôt chauffés au micro-ondes.

Tous les bols et toutes les tasses utilisés doivent pouvoir aller au micro-ondes.

Dans ce livre, le micro-ondes est utilisé à intensité moyenne (50 %). Par exemple, si les degrés de votre micro-ondes vont de 1 à 10, vous devriez choisir le degré 5. Les temps de cuisson peuvent varier selon la puissance du micro-ondes.

Les bols en verre qui vont au micro-ondes sont pratiques, car ils vous permettent d'observer les ingrédients pendant qu'ils chauffent et de voir s'ils ont fondu ou s'ils sont bouillonnants. Les tasses à mesurer en verre munies d'une poignée sont aussi commodes, car leur anse ne devient pas aussi chaude que la paroi d'un bol.

Pour la cuisson dans le four conventionnel, placez la grille au centre du four.

Une supervision et de l'aide sont recommandées au moment où les enfants retirent les moules ou les bols chauds du four ou du micro-ondes.

Ustensiles de base

Batteur à oeufs – Étant donné qu'aucun petit appareil électrique n'est utilisé pour réaliser les recettes de ce livre, nous utilisons un batteur à oeufs manuel pour faire gonfler les oeufs. Les plus jeunes pourraient avoir besoin d'aide pour y parvenir. Les adultes peuvent les aider en fouettant les oeufs à l'aide d'un batteur électrique.

Bols à mélanger – Les parois plus hautes de certains bols empêchent les ingrédients de déborder lorsqu'on les mélange. Certains bols comportent un bec verseur, ce qui est pratique pour verser leur contenu. Il existe aussi des bols à mélanger à base antidérapante en caoutchouc, mais un linge humide placé sous les bols fera aussi bien l'affaire pour qu'ils restent en place.

Fouet – Le fouet utilisé pour faire les recettes proposées ici est le fouet ballon (voir photo). Contrairement aux recettes pour adultes, nous ne l'utilisons pas pour fouetter les ingrédients. La plupart du temps, nous l'utilisons pour simplement brasser des ingrédients. Le mieux est d'utiliser un fouet rigide. Assurez-vous qu'il n'est pas trop long, pour que votre enfant puisse le manipuler facilement.

Papier parchemin – Les aliments cuits au four ne colleront pas si les plaques à pâtisserie ou les moules sont tapissés de papier parchemin, aussi appelé papier sulfurisé. Le papier parchemin se trouve facilement dans les supermarchés, dans la même section que les papiers d'emballage alimentaire.

Le **papier parchemin** peut être réutilisé plusieurs fois s'il n'est pas trop sali. Avant de le réutiliser, on l'essuie simplement avec un linge humide.

Spatules – Certains les appellent des spatules en caoutchouc, mais elles ne sont pas seulement en caoutchouc, elles sont faites de différents matériaux **résistants à la chaleur** qui ne fondent pas quand on mélange des préparations chaudes. Les plus grosses (voir photo) sont parfaites pour mélanger et verser la pâte dans le moule tout en raclant le bol. Les petites (voir photo) sont utiles pour récupérer les ingrédients des petites tasses à mesurer.

Séparateur à oeufs – Lorsque les blancs et les jaunes sont utilisés séparément, utilisez un séparateur à oeufs pour vous faciliter la tâche. Certains modèles peuvent être fixés au rebord du bol (voir photo), d'autres se placent au-dessus du bol. Cassez un oeuf et ouvrez la coquille en deux au-dessus du séparateur à oeufs. Le jaune restera dans le séparateur, tandis que le blanc s'écoulera dans le bol ou la tasse placée dessous.

Si vous ne possédez pas de séparateur à oeufs, laissez les plus vieux séparer l'oeuf en ouvrant la coquille en deux et en versant tour à tour son contenu dans les deux moitiés, en laissant seulement le blanc s'écouler dans un bol placé dessous. Il ne doit pas y avoir de trace de jaune dans le blanc d'oeuf, car il ne pourra pas gonfler quand on le battra. Si du jaune se retrouve dans le blanc d'oeuf, enlevez-le délicatement en vous aidant de la coquille d'oeuf. Il n'y a cependant pas de problème si un peu de blanc se retrouve dans le jaune d'oeuf.

Tasses et bols utilisés pour battre les blancs d'oeufs – Comme les recettes ne requièrent que un ou deux blancs d'oeufs, il est important de les mettre dans un petit bol ou dans une tasse à mesurer juste assez grande pour y insérer le batteurs à oeufs. Si le bol est trop grand, vous ne pourrez pas « saisir » assez de blanc d'oeuf avec les fouets du batteur. Une tasse à mesurer les liquides d'une capacité de 2 tasses (500 ml) convient parfaitement (voir photo). Il faut battre les blancs d'oeufs jusqu'à ce qu'ils deviennent blancs (opaques) et qu'ils aient gonflé, et qu'il ne reste plus de liquide au fond de la tasse.

Déjeuner, dîner et souper

1

Céréales granola à l'avoine **16**

Pain doré craquant **19**

Muffins aux bleuets et au sucre à la cannelle **20**

Croquettes de thon **21**

Nouilles sautées à la thaïlandaise (*pad thaï*) **23**

Penne aux deux fromages **24**

Boulettes de poulet sur bâtonnets **25**

Raviolis à la chinoise **27**

Pizzas à la croûte parfaite **28**

Pilons de poulet croustillants **30**

Mini-carottes glacées **31**

Mini-pain de viande surprise **33**

Papillotes de pois et de maïs miniatures **34**

Petits pâtés chinois **35**

Boulettes de viande à l'italienne **37**

Céréales granola à l'avoine

Ce mélange de céréales croquantes pour le déjeuner a le même bon goût
que les traditionnels biscuits à l'avoine.

Ingrédients

1 1/4 tasse (310 ml) de flocons d'avoine à cuisson
rapide (et non à cuisson instantanée)

1/4 tasse (60 ml) de graines de tournesol non salées

1/4 tasse (60 ml) d'amandes en tranches, si désiré

1/4 tasse (60 ml) de canneberges séchées
ou de raisins secs

2 c. à table (30 ml) de germe de blé

1/4 tasse (60 ml) de beurre non salé,
coupé en morceaux

1/4 tasse (60 ml) de miel

1 c. à table (15 ml) de cassonade, tassée

1/4 c. à thé (1 ml) de cannelle

3 ou 4 gouttes d'essence de vanille

pincée de sel

lait froid (pour servir)

1 Préchauffe le four à 300°F (150°C).

2 Tapisse une plaque à pâtisserie de papier
parchemin.

3 Étends les flocons d'avoine, les graines de tournesol
et les amandes, si désiré, sur la plaque à pâtisserie,
et fais-les griller au four 5 minutes. Retire la plaque
du four (laisse le four allumé). Laisse le mélange
refroidir. En soulevant le papier parchemin, fais
glisser le mélange refroidi dans un bol. Ajoute les
canneberges séchées ou les raisins secs et le germe
de blé. Mélange.

4 Dans un bol, fais fondre le beurre au micro-ondes à
intensité moyenne (50 %) environ 1 minute. Brasse,
puis incorpore le miel, la cassonade, la cannelle,
l'essence de vanille et le sel. Verse ce mélange sur la
préparation à l'avoine et mélange pour bien l'enrober.

5 Replace le papier parchemin sur la plaque à pâtisserie, déposes-y la préparation en l'étendant uniformément. Remets la plaque au four et fais cuire
20 minutes. Retire la plaque du four, brasse la
préparation et poursuis la cuisson au four de 5 à
10 minutes. Surveille attentivement la cuisson : la
préparation doit devenir dorée, mais pas trop
foncée. Laisse le tout refroidir complètement sur la
plaque. Les céréales granola seront moelleuses
à la sortie du four et deviendront croquantes en
refroidissant. Une fois que les céréales auront durci,
brise-les en petits morceaux avec tes mains. Les
céréales se dégustent avec du lait froid.

Donne 2 1/2 tasses (625 ml) de céréales.

Céréales granola à l'avoine

Pain doré craquant (page 19)   Muffins aux bleuets et au sucre à la cannelle (page 20)

Pain doré craquant

Chaque bouchée de ce pain doré est croustillante,
tandis que l'intérieur est vraiment tendre.

Matériel

deux assiettes à tarte ou plats peu profonds

Ingrédients

2 ou 3 tranches de pain de blé entier

1 tasse (250 ml) de flocons de maïs

2 gros oeufs

1/3 tasse (80 ml) de lait

1/2 c. à thé (2 ml) de farine tout usage

2 gouttes d'essence de vanille

beurre et sirop (pour servir)

1 Tapisse une plaque à pâtisserie de papier parchemin.

2 Demande de l'aide pour couper chaque tranche de pain en quatre morceaux.

3 Préchauffe le four à 400°F (200°C).

4 Dépose les morceaux de pain sur la plaque à pâtisserie, puis place la plaque dans le four chaud (le four n'a pas besoin d'avoir atteint sa pleine température). Laisse le pain griller légèrement 5 minutes. Retire la plaque du four et laisse les morceaux de pain refroidir complètement.

5 Dépose les flocons de maïs dans un sac de plastique résistant et ferme le sac hermétiquement. Avec un rouleau à pâtisserie ou une grande tasse à café, émiette les flocons de maïs jusqu'à ce qu'ils soient de la grosseur de flocons d'avoine. Vide le sac dans une assiette à tarte ou un plat peu profond.

6 Dans un grand bol, à l'aide d'un fouet, mélange les oeufs, le lait, la farine et l'essence de vanille jusqu'à ce que la préparation soit homogène, sans grumeaux. Verse cette préparation dans une autre assiette à tarte ou un autre plat peu profond.

7 Dépose les morceaux de pain refroidis, quelques-uns à la fois, dans la préparation d'oeufs et laisse-les tremper environ 2 minutes. Retourne-les et laisse-les tremper encore 2 minutes. Fais attention de ne pas déchirer le pain, car il sera mou et spongieux. Au besoin, utilise une fourchette pour récupérer les morceaux de pain.

8 Mets ensuite les morceaux de pain dans les flocons de maïs émiettés, retourne-les pour les enrober de chaque côté, puis dépose-les sur la plaque à pâtisserie. Fais-les cuire au four 10 minutes, retourne-les avec une pince ou une spatule et poursuis la cuisson de 5 à 10 minutes ou jusqu'à ce que l'enrobage commence à dorer. Le pain doré se déguste chaud avec du beurre et du sirop.

Donne 2 ou 3 portions.

Muffins aux bleuets et au sucre à la cannelle

Débordants de bleuets, ces muffins sont presque du gâteau.

Matériel

neuf moules à muffins en métal

Ingrédients

1 1/2 tasse (375 ml) de farine tout usage

3/4 tasse (180 ml) de sucre

2 c. à thé (10 ml) de poudre à pâte

1/4 c. à thé (1 ml) de bicarbonate de sodium

1/8 c. à thé (0,5 ml) de sel

1 1/2 c. à thé (7 ml) de sucre

1/2 c. à thé (2 ml) de cannelle

1 gros oeuf

1/4 tasse (60 ml) de lait

1/4 tasse (60 ml) d'huile végétale

1 c. à table (15 ml) de jus de citron

3/4 tasse (180 ml) de bleuets, frais ou surgelés

1 Préchauffe le four à 375°F (190°C).

2 Graisse neuf moules à muffins en métal.

3 Dans un bol, mélange la farine, 3/4 tasse (180 ml) de sucre, la poudre à pâte, le bicarbonate de sodium et le sel. Mets de côté ces ingrédients secs.

4 Dans un petit bol, mélange 1 1/2 c. à thé (7 ml) de sucre et la cannelle. Mets de côté ce sucre à la cannelle.

5 Dans un autre bol, à l'aide d'un fouet, mélange l'oeuf, le lait, l'huile et le jus de citron jusqu'à consistance lisse. Verse le mélange de lait sur les ingrédients secs et, à l'aide d'une spatule, mélange jusqu'à ce que la pâte soit ferme. Ne mélange pas trop. Ajoute les bleuets et mélange délicatement (ne mélange pas trop, car le jus des bleuets surgelés pourrait colorer la pâte).

6 À l'aide d'une cuillère à thé graissée, répartis la pâte dans les moules à muffins en les remplissant à moitié. Avec une cuillère à thé propre, parsème le dessus des muffins de sucre à la cannelle.

7 Fais cuire les muffins au four environ 20 minutes ou jusqu'à ce qu'ils aient gonflé et qu'ils soient dorés. Laisse-les refroidir légèrement avant de les démouler. Les muffins se dégustent quand ils sont encore chauds.

Donne 9 muffins.

Croquettes de thon

Croustillantes à l'extérieur, tendres à l'intérieur et savoureuses à souhait,
ces croquettes s'inspirent de celles au crabe servies dans les restaurants.

Ingrédients

1 1/2 tasse (375 ml) de flocons de maïs

1 c. à thé (5 ml) d'huile végétale

1 boîte de 6 oz (170 g) de thon blanc entier

environ 10 craquelins (de type biscuits soda)

2 gros blancs d'oeufs

3 c. à table (45 ml) de mayonnaise

1 c. à thé (5 ml) de sauce Worcestershire

1 c. à thé (5 ml) de sel à l'oignon

1/4 c. à thé (1 ml) d'aneth séché

1/4 c. à thé (1 ml) d'origan séché

pincée de poivre

1 Préchauffe le four à 350°F (180°C).

2 Tapisse une plaque à pâtisserie de papier parchemin.

3 Dépose les flocons de maïs dans un sac de plastique résistant et ferme le sac hermétiquement. Avec un rouleau à pâtisserie ou une grande tasse à café, émiette les flocons de maïs jusqu'à ce qu'ils soient de la grosseur de flocons d'avoine. Vide le sac dans un bol. Arrose les flocons émiettés d'huile et mélange-les avec une fourchette pour bien les enrober. Mets de côté cette préparation.

4 Demande de l'aide pour ouvrir la boîte de thon et l'égoutter. Dépose le thon dans un bol et défais-le en petits flocons avec une fourchette.

5 Dépose les craquelins dans le sac de plastique et émiette-les de la même façon que les flocons de maïs (tu obtiendras 1/2 tasse/125 ml de craquelins émiettés). Ajoute les craquelins émiettés au thon, puis ajoute le reste des ingrédients, sauf la préparation de flocons de maïs. Mêle le tout avec une fourchette.

6 Façonne la préparation de thon en quatre croquettes de 1 po (2,5 cm) d'épaisseur. Roule les croquettes dans la préparation de flocons de maïs pour bien les enrober de chaque côté, puis dépose-les sur la plaque à pâtisserie. Fais-les cuire au four environ 25 minutes ou jusqu'à ce que l'enrobage soit légèrement doré.

Donne 4 croquettes.

Penne aux deux fromages (page 24)

Croquettes de thon (page 21)

Boulettes de poulet
22 sur bâtonnets (page 25)

Nouilles sautées à la thaïlandaise (*pad thaï*) (page 23)

Nouilles sautées à la thaïlandaise (*pad thaï*)

Un peu de planification est nécessaire pour préparer ce populaire plat de resto, car les nouilles doivent tremper au moins 1 heure.

Ingrédients

6 à 7 oz (180 à 200 g) de nouilles de riz (1/4 po/5 mm de largeur)

1/2 tasse (125 ml) de ketchup

1/2 tasse (125 ml) d'eau

2 c. à table (30 ml) d'huile végétale ou d'arachide

1 c. à table (15 ml) de sauce soja

1 c. à thé (5 ml) de sel à l'ail

1/2 c. à thé (2 ml) de coriandre moulue

quelques gouttes d'huile de sésame, si désiré

garnitures (ajoute tous ces ingrédients ou seulement 1 ou 2, à ton goût) :

    2 ou 3 tranches de poulet pressé

    4 oz (125 g) de crevettes cuites décortiquées, surgelées ou décongelées

    1/2 oignon vert

    grosse poignée de fèves germées

    arachides hachées

1. Dépose les nouilles dans un grand bol en métal (brise-les si elles dépassent le bol). Place le bol dans l'évier et couvre les nouilles d'eau chaude (mais non brûlante). Place un bol lourd par-dessus les nouilles pour les maintenir dans l'eau et laisse-les tremper au moins 1 heure (au plus 3 heures) pour qu'elles ramollissent. Égoutte-les dans une passoire.

2. Préchauffe le four à 350°F (180°C).

3. Dans le bol en métal (maintenant vide), mélange le ketchup, l'eau, l'huile, la sauce soja, le sel à l'ail, la coriandre et l'huile de sésame, si désiré.

4. Remets les nouilles dans le bol et mélange le tout avec une pince ou une cuillère de bois pour que les nouilles soient bien enrobées. Couvre le bol de papier d'aluminium en serrant bien le papier sur le rebord. Fais cuire la préparation au four 30 minutes. Demande de l'aide pour retirer le bol du four et enlever le papier d'aluminium (laisse le four allumé).

5. Mélange les nouilles avec la pince ou la cuillère de bois. Place les nouilles les plus molles sur le dessus de façon que les plus dures (moins cuites) se retrouvent dans la sauce, au fond du bol. Couvre de nouveau le bol de papier d'aluminium et poursuis la cuisson au four 10 minutes. Retire le bol du four (laisse le four allumé) et vérifie si les nouilles sont tendres (les nouilles doivent être molles). Si elles sont trop dures, elles seront difficiles à mâcher, ajoute alors 2 c. à table (30 ml) d'eau et mélange. Couvre le bol et poursuis la cuisson au four environ 10 minutes ou jusqu'à ce que les nouilles soient tendres.

6. Si tu ajoutes du poulet, utilise une roulette à pizza pour le couper en fines lanières. Ajoute le poulet et les crevettes aux nouilles, couvre le bol de papier d'aluminium et poursuis la cuisson au four 10 minutes.

7. À l'aide d'une cuillère, répartis les nouilles dans des bols individuels. Parsème-les d'oignon vert (coupé avec des ciseaux de cuisine), de fèves germées et d'arachides, à ton goût.

Donne 3 ou 4 petites portions.

Penne aux deux fromages

Pas besoin de faire bouillir de l'eau pour préparer ce plat ! Les pâtes deviennent tendres à mesure qu'elles cuisent au four dans le mélange crémeux. Les penne (plumes, en italien), ce sont des pâtes courtes en forme de petits tubes du diamètre d'un crayon.

Matériel

plat allant au four d'une capacité de 6 tasses (1,5 L) muni d'un couvercle

Ingrédients

2 tasses (500 ml) de penne

1 c. à table (15 ml) d'huile d'olive

2 tasses (500 ml) d'eau chaude

1 tasse (250 ml) de bouillon de poulet ou de légumes

1/2 tasse (125 ml) de crème à 35 %

1/3 tasse (80 ml) de parmesan râpé

1/3 tasse (80 ml) de fromage ricotta

1/2 c. à thé (2 ml) de basilic séché

1/2 c. à thé (2 ml) de sel à l'ail

pincée de poivre

pincée de muscade, si désiré

1/4 tasse (60 ml) de fromage ricotta

1 Dans un bol, mélange les pâtes, l'huile d'olive et l'eau. Laisse reposer 30 minutes pour que les pâtes ramollissent.

2 Préchauffe le four à 425°F (220°C).

3 Dans un autre bol, à l'aide d'un fouet, mélange le bouillon, la crème, le parmesan, 1/3 tasse (80 ml) de fromage ricotta, le basilic, le sel à l'ail, le poivre et la muscade, si désiré.

4 Égoutte les pâtes dans une passoire et ajoute-les au mélange de crème. Mêle bien le tout. Verse la préparation de pâtes dans un plat allant au four et étends-la uniformément.

5 En utilisant une cuillère, laisse tomber 1/4 tasse (60 ml) de fromage ricotta sur la préparation de pâtes (tu auras 5 cuillerées). Ne brasse pas. Couvre le plat avec son couvercle et fais cuire au four 45 minutes ou jusqu'à ce que la sauce soit bouillonnante et que les pâtes soient tendres.

Donne 4 portions.

Boulettes de poulet sur bâtonnets

C'est amusant, un dîner ou un souper servi sur des bâtonnets ! Ces boulettes de poulet sont prêtes à tremper dans du ketchup ou de la sauce aux prunes.

10 bâtonnets de bois

3/4 tasse (180 ml) de chips barbecue ou nature

1/2 lb (250 g) de poulet cru, haché

1/4 tasse (60 ml) de chapelure

1 c. à table (15 ml) d'oignon en flocons

1 c. à table (15 ml) de ketchup

1/2 c. à thé (2 ml) d'origan séché

1/4 c. à thé (1 ml) d'assaisonnement au chili

1/4 c. à thé (1 ml) de sel à l'ail

ketchup ou sauce aux prunes (pour servir)

1 Préchauffe le four à 375°F (190°C).

2 Tapisse une plaque à pâtisserie de papier parchemin.

3 Dépose les chips dans un sac de plastique résistant et ferme le sac hermétiquement. Avec un rouleau à pâtisserie ou une grande tasse à café, émiette les chips jusqu'à ce qu'elles soient de la grosseur de flocons d'avoine. Vide le sac dans un petit bol.

4 Dans un autre bol, mélange avec tes mains le poulet haché, la chapelure, l'oignon en flocons, le ketchup, l'origan, l'assaisonnement au chili et le sel à l'ail. Lave tes mains.

5 Remplis un grand bol d'eau froide. Trempe d'abord tes mains dans l'eau (ça empêchera le poulet de coller sur tes mains), puis fais des boulettes de poulet de la grosseur de grosses noix de Grenoble. Prépare 10 boulettes. Roule les boulettes de poulet dans les chips émiettées pour les enrober complètement.

6 Dépose les boulettes de poulet sur la plaque à pâtisserie. Lave tes mains. Insère un bâtonnet de bois dans chaque boulette (le bâtonnet doit traverser la boulette presque complètement).

7 Fais cuire les boulettes au four environ 30 minutes ou jusqu'à ce que l'enrobage soit légèrement doré. Demande de l'aide pour couper une boulette afin de vérifier la cuisson. Laisse les boulettes refroidir légèrement avant de les manger. Trempe-les dans du ketchup ou de la sauce aux prunes, à ton goût.

Donne 10 boulettes.

Raviolis à la chinoise

Raviolis à la chinoise

Ces raviolis ressemblent à des wontons. Tu t'amuseras à les confectionner, mais tu auras besoin d'un coup de main pour les faire cuire.

Ingrédients

1/2 oignon vert

6 oz (180 g) de porc haché ou de poulet cru, haché

1/2 c. à thé (2 ml) de sauce soja

1/2 c. à thé (2 ml) d'huile végétale

1 c. à thé (5 ml) de sel à l'ail

pincée de poivre

1 gros blanc d'oeuf

32 pâtes à wonton (un paquet)

6 tasses (1,5 L) d'eau (pour cuire les raviolis)

sauce soja (pour servir)

1 À l'aide de ciseaux de cuisine, coupe l'oignon vert en petits morceaux.

2 Dans un bol, mets l'oignon vert, la viande hachée, la sauce soja, l'huile, le sel à l'ail et le poivre. Mêle le tout avec une fourchette.

3 Dans un petit bol, fouette légèrement le blanc d'oeuf avec une autre fourchette.

4 Étends une pâte à wonton sur une surface de travail. Dépose une cuillerée à thé du mélange de viande au centre de la pâte (n'en mets pas trop, sinon les raviolis seront difficiles à sceller). Trempe un pinceau à pâtisserie dans le blanc d'oeuf et badigeonne la pâte à wonton autour de la viande, jusqu'au bord de la pâte.

5 Étends une autre pâte à wonton sur le dessus en alignant bien les coins. Presse les deux pâtes à wonton ensemble pour les sceller, en prenant soin de ne pas écraser le mélange de viande et en faisant sortir l'air de l'intérieur. Prépare de la même façon 15 autres raviolis.

6 Demande de l'aide pour cuire et manipuler les raviolis. Pour les cuire, il faut en placer cinq ou six à la fois dans une grande casserole d'eau frémissante et les laisser mijoter environ 10 minutes, en les retournant à quelques reprises. Pour les retirer de la casserole, il faut utiliser une écumoire (ou cuillère trouée), puis les déposer dans des bols individuels. Tu pourras alors les arroser de quelques gouttes de sauce soja. Les raviolis se dégustent quand ils sont chauds.

Donne 16 raviolis.

Pizzas à la croûte parfaite

Une croûte à pizza maison, c'est succulent… surtout quand on l'a préparée soi-même !
Pour une pizza vraiment savoureuse, voici un petit secret de la pizzeria du coin :
on mélange du fromage mozzarella et du cheddar.

Matériel

deux plaques à pâtisserie ou à pizza

Croûte

3/4 tasse (180 ml) d'eau chaude (mais non brûlante)

1 c. à thé (5 ml) de levure instantanée

1/2 c. à thé (2 ml) de sucre

1 1/2 tasse (375 ml) de farine tout usage

1/2 c. à thé (2 ml) de sel

1 c. à thé (5 ml) d'huile d'olive ou végétale

huile (pour les plaques)

1 c. à thé (5 ml) de semoule de maïs
(pour saupoudrer)

Garnitures

2/3 tasse (160 ml) de sauce tomate

1/3 tasse (80 ml) de cheddar blanc, râpé

1/3 tasse (80 ml) de fromage mozzarella, râpé

(ou 2/3 tasse/160 ml de fromage mozzarella
en tout)

Autres garnitures au choix : pepperoni, jambon,
ananas, poivrons, tomates, oignons, olives (demande
de l'aide pour couper ces garnitures).

1 Croûte. Verse l'eau dans une tasse. Ajoute la levure et le sucre. Secoue la tasse pour mélanger. Ne brasse pas. Laisse reposer au moins 10 minutes, jusqu'à ce que la préparation soit mousseuse.

2 Dans un grand bol, mélange la farine et le sel. À l'aide d'une spatule ou d'une cuillère de bois, ajoute la préparation de levure et l'huile, et brasse jusqu'à ce que la pâte soit lisse et collante. Couvre le bol d'une pellicule de plastique et laisse lever la pâte dans un endroit chaud 30 minutes.

3 Préchauffe le four à 400°F (200°C).

4 Tu vas préparer deux croûtes à pizza de 8 po (20 cm) de diamètre. Enduis deux plaques à pâtisserie ou à pizza d'huile et saupoudre-les de semoule de maïs avec une cuillère (la semoule empêche les croûtes de coller aux plaques).

5 Divise la pâte en deux portions à l'aide de la spatule ou de la cuillère de bois, puis dépose une portion de pâte sur chacune des plaques.

6 Huile la paume de tes mains et presse chaque portion de pâte avec tes doigts en un cercle d'environ 1/4 po (5 mm) d'épaisseur. La pâte sera élastique et aura tendance à vouloir reprendre sa forme, mais à mesure que tu la manipuleras, elle deviendra plus mince. Ne t'en fais pas si la croûte a une forme irrégulière. L'important, c'est qu'elle ait environ 1/4 po (5 mm) d'épaisseur.

7 Fais cuire les croûtes à pizza au four de 15 à 17 minutes ou jusqu'à ce qu'elles commencent à dorer. Retire les croûtes du four (laisse le four allumé) et laisse-les refroidir jusqu'à ce que tu puisses ajouter des garnitures sans te brûler.

8 Verse la sauce tomate sur les croûtes, puis étale-la avec le dos d'une cuillère, en laissant une bordure intacte (sans sauce) d'environ 1/2 po (1 cm) tout autour. Parsème les croûtes de cheddar et de fromage mozzarella, puis ajoute les garnitures de ton choix. Remets les pizzas au four et poursuis la cuisson environ 10 minutes ou jusqu'à ce que le fromage ait fondu et qu'il soit légèrement bouillonnant, et que la bordure des croûtes soit dorée. Les pizzas se dégustent quand elles sont bien chaudes.

Donne 2 pizzas.

Pilons de poulet croustillants

Ce plat de poulet cuit au four se prépare avec des pilons sans peau vendus dans la plupart des supermarchés. L'enrobage croustillant aide à garder la chair du poulet tendre et juteuse.

Matériel

deux assiettes à tarte ou plats peu profonds, plat allant au four

Ingrédients

1/2 tasse (125 ml) de chapelure

1/4 tasse (60 ml) de parmesan râpé

2 c. à table (30 ml) de farine tout usage

1 c. à thé (5 ml) de sel à l'ail

1 c. à thé (5 ml) de persil séché

1 c. à thé (5 ml) de thym séché

1/2 c. à thé (2 ml) de paprika

1/4 c. à thé (1 ml) de poivre blanc ou noir

3 c. à table (45 ml) de beurre non salé

1/3 tasse (80 ml) de farine tout usage

6 à 8 pilons de poulet sans peau
   (4 oz/125 g chacun)

1/3 tasse (80 ml) de lait

1 Préchauffe le four à 400°F (200°C).

2 Tapisse une plaque à pâtisserie de papier parchemin.

3 Dans un bol, mélange la chapelure, le parmesan, 2 c. à table (30 ml) de farine, le sel à l'ail, le persil, le thym, le paprika et le poivre.

4 Dans un bol, fais fondre le beurre au micro-ondes à intensité moyenne (50 %) environ 30 secondes. Brasse le beurre, puis verse-le sur la préparation de chapelure. Mélange avec une fourchette pour humecter la préparation. Avec le dos de la fourchette, écrase les grumeaux. Mets la préparation de chapelure dans une assiette ou un plat peu profond.

5 Dans une autre assiette ou un autre plat peu profond, mets 1/3 tasse (80 ml) de farine.

6 Dépose les pilons de poulet dans un plat allant au four assez grand pour les contenir en une seule couche. Verse le lait sur le dessus et roule les pilons dans le lait pour bien les enrober. En tenant les pilons par l'os, roule-les dans la farine pour les enrober complètement, puis roule-les une autre fois dans le lait. Assure-toi que la farine est bien humide. Roule ensuite les pilons dans la préparation de chapelure pour les enrober complètement. Tu devras te laver les mains à quelques reprises pendant cette opération, car tes doigts aussi se couvriront d'enrobage.

7 Dépose les pilons sur la plaque à pâtisserie et fais-les cuire au four de 45 à 50 minutes ou jusqu'à ce qu'ils aient perdu leur teinte rosée à l'intérieur. Demande de l'aide pour vérifier la cuisson du poulet.

Donne 6 à 8 pilons.

Mini-carottes glacées

Voici une façon simple de préparer un plat d'accompagnement avec des petites carottes pelées, vendues en sac dans les supermarchés. Elles peuvent cuire en même temps que les pilons de poulet croustillants (page 30), juste un peu moins longtemps.

Ingrédients

1 tasse (250 ml) de mini-carottes (environ 15)

1 c. à thé (5 ml) d'huile végétale

1/2 c. à thé (2 ml) de cassonade, tassée

pincée d'assaisonnement au chili

1 glaçon

1 Préchauffe le four à 400°F (200°C).

2 Dans un bol, mélange les carottes, l'huile, la cassonade et l'assaisonnement au chili.

3 Découpe deux carrés de papier d'aluminium d'environ 12 po (30 cm) de côté. Dépose le mélange de carottes et le glaçon sur un des carrés d'aluminium. Couvre de l'autre carré d'aluminium, puis roule les quatre côtés vers le centre, de façon à former une papillote hermétique.

4 Fais cuire les carottes au four 40 minutes. Demande de l'aide pour ouvrir la papillote et répartir les carottes dans des assiettes. Les carottes se dégustent quand elles sont chaudes.

Donne 1 papillote.

Pilons de poulet croustillants et mini-carottes glacées
(pages 30 et 31)

Mini-pain de viande surprise, et pois et maïs miniatures
(pages 33 et 34)

Mini-pain de viande surprise

Ce pain de viande original donne assez de portions pour régaler deux ou trois enfants à l'heure du lunch, servi en sandwichs, ou au souper, avec de bons légumes. Pour l'accompagner, on peut préparer des papillotes de pois et de maïs miniatures (page 34) qui cuiront en même temps, juste moins longtemps.

Matériel

moule à pain miniature de 6 po x 3 po (15 cm x 8 cm)

Ingrédients

1/2 lb (250 g) de boeuf haché

1 gros blanc d'oeuf

2 c. à table (30 ml) de chapelure

1 c. à table (15 ml) de ketchup

1 c. à thé (5 ml) d'oignon en flocons

1/2 c. à thé (2 ml) de sel à l'ail

1/4 c. à thé (1 ml) d'assaisonnement au chili

1/4 c. à thé (1 ml) de moutarde en poudre

1/4 c. à thé (1 ml) de sauce Worcestershire

pincée de poivre

1 saucisse à hot-dog

1 c. à table (15 ml) de sauce chili

1 Préchauffe le four à 350°F (180°C).

2 Dans un grand bol, mets tous les ingrédients, sauf la saucisse et la sauce chili. Mélange bien avec tes mains. Lave tes mains.

3 Presse fermement environ le tiers de la préparation dans le fond d'un moule à pain. Pique la saucisse à six endroits avec une fourchette et place-la au centre du moule. Presse fermement le reste de la préparation dans le moule pour couvrir complètement la saucisse. Verse la sauce chili sur le dessus, puis, en te servant du dos d'une cuillère, étale-la uniformément.

4 Fais cuire le pain de viande au four environ 40 minutes ou jusqu'à ce que le dessus soit bruni et que le jus qui s'écoule autour soit bouillonnant. Laisse le mini-pain refroidir légèrement avant de le trancher.

Donne 1 mini-pain.

Papillotes de pois et de maïs miniatures

Les glaçons permettent de cuire les légumes à la vapeur dans leur papillote, au four. Quelle idée géniale ! À faire cuire en même temps que le mini-pain de viande surprise (page 33).

Ingrédients

16 pois mange-tout (de type Sugar Snap)

10 maïs miniatures entiers (en boîte)

1/4 tasse (60 ml) de petits pois surgelés

1 c. à thé (5 ml) d'huile végétale

1/2 c. à thé (2 ml) de sauce soja

pincée de sel à l'ail

pincée de poivre

2 glaçons

1. Préchauffe le four à 350°F (180°C).

2. Lave les pois mange-tout. Pour les parer, casse la pointe du pois mange-tout, tire le fil vers toi, puis jette-le. Dépose les pois mange-tout dans un bol.

3. Rince et égoutte les maïs miniatures, et ajoute-les aux pois mange-tout. Ajoute les petits pois, l'huile, la sauce soja, le sel à l'ail et le poivre. Mêle le tout avec une cuillère.

4. Découpe deux carrés de papier d'aluminium d'environ 12 po (30 cm) de côté. Place les carrés de papier d'aluminium sur une surface de travail et forme au centre de chacun un monticule avec la moitié des légumes. Dépose un glaçon sur chaque monticule.

5. Replie le papier d'aluminium sur les légumes en scellant bien ensemble les bordures pour former deux papillotes. Assure-toi qu'il n'y a pas d'ouverture. Dépose les papillotes sur une plaque à pâtisserie et fais-les cuire au four 20 minutes.

6. Demande de l'aide pour ouvrir les papillotes et vérifier si les pois mange-tout sont prêts (ils devraient être croustillants et d'un beau vert brillant). Si les pois mange-tout sont cuits, alors les maïs et les petits pois seront prêts aussi. Les légumes se dégustent quand ils sont chauds.

Donne 2 papillotes.

Petits pâtés chinois

Ils ne sont pas très gros, mais ces petits pâtés chinois comblent bien des appétits. Les petites assiettes à tarte sont vendues dans les boutiques d'articles de cuisine ou dans les supermarchés, dans la même section que les assiettes en aluminium.

Matériel

deux ou trois assiettes à tarte de 5 po (13 cm) de diamètre

Ingrédients

1/2 lb (250 g) de boeuf haché maigre

2 c. à thé (10 ml) de fécule de maïs

1 c. à table (15 ml) de ketchup

2 c. à thé (10 ml) d'oignon en flocons

1/4 c. à thé (1 ml) de sel

pincée de poivre

1/4 tasse (60 ml) de maïs en grains ou de petits pois surgelés

3/4 tasse (180 ml) de lait

3/4 tasse (180 ml) d'eau

1 c. à table (15 ml) de beurre non salé

1/4 c. à thé (1 ml) de sel

1 tasse (250 ml) de pommes de terre en flocons

1 gros jaune d'oeuf

1 Préchauffe le four à 375°F (190°C).

2 Dans un bol ou un plat peu profond, défais le boeuf haché en morceaux avec une cuillère. Chauffe le boeuf au micro-ondes à intensité moyenne (50 %) environ 3 minutes. Brasse bien. Ne t'en fais pas si le boeuf n'est pas complètement cuit. Transfère-le dans un autre bol, sans prendre le gras. Jette le gras.

3 Avec le dos d'une cuillère de bois, défais le boeuf en petits morceaux. Saupoudre la fécule de maïs sur le dessus avec une cuillère, et brasse jusqu'à ce que tu ne voies plus de trace de la fécule. Ajoute le ketchup, l'oignon en flocons, le sel, le poivre et le maïs ou les petits pois. Mélange bien.

4 Étends uniformément la préparation de viande dans deux ou trois petites assiettes à tarte.

5 Verse le lait et l'eau dans un bol. Ajoute le beurre et le sel. Chauffe le mélange au micro-ondes à intensité moyenne (50 %) environ 3 minutes ou jusqu'à ce qu'il soit chaud. Brasse bien. À l'aide d'une cuillère propre, ajoute les pommes de terre en flocons et mélange jusqu'à consistance lisse. Ajoute le jaune d'oeuf et mélange bien. Avec le dos de la cuillère, étale le mélange de pommes de terre sur la préparation de viande, jusqu'à la paroi de chaque assiette.

6 Dépose les assiettes sur une plaque à pâtisserie. Fais cuire les pâtés au four environ 30 minutes ou jusqu'à ce que les pommes de terre commencent à dorer. Laisse les pâtés refroidir légèrement avant de les manger.

Donne 2 ou 3 petits pâtés chinois.

Petits pâtés chinois (page 35)   Boulettes de viande à l'italienne (page 37)

Boulettes de viande à l'italienne

Cette recette donne 14 boulettes, et même plus. Elles sont idéales pour rehausser des spaghettis ou garnir un sous-marin. Si tu veux les servir avec une sauce tomate, tu devras demander de l'aide pour la réchauffer.

Ingrédients

1 lb (500 g) de boeuf haché (ou moitié boeuf, moitié porc)

1 gros oeuf

3 c. à table (45 ml) de chapelure

3 c. à table (45 ml) de parmesan râpé

1 c. à table (15 ml) de ketchup

2 c. à thé (10 ml) d'oignon en flocons

1 c. à thé (5 ml) d'origan séché

1/2 c. à thé (2 ml) de sel à l'ail

1/2 c. à thé (2 ml) de sauce Worcestershire

1/4 c. à thé (1 ml) de moutarde en poudre

pincée de poivre

1 Préchauffe le four à 375°F (190°C).

2 Tapisse une plaque à pâtisserie de papier d'aluminium et places-y une grille.

3 Dans un grand bol, défais le boeuf haché en petits morceaux avec tes mains. Lave tes mains. Ajoute l'oeuf, puis le reste des ingrédients. Mêle bien le tout avec tes mains. Lave tes mains.

4 Presse une petite quantité de viande dans une cuillère à table (le dessus de la cuillerée doit être arrondi comme un petit monticule). Pousse sur le monticule de viande pour le dégager de la cuillère et roule-le dans tes mains pour former une boulette. Prépare environ 14 boulettes. Dépose-les sur la grille placée sur la plaque à pâtisserie.

5 Fais cuire les boulettes au four de 30 à 35 minutes ou jusqu'à ce qu'elles soient brunies et bien cuites.

Donne environ 14 boulettes.

Pains et craquelins

2

Pain marbré aux bananes et au chocolat 41

Pain marbré 42

Pains au chocolat 44

Brioches à la cannelle 46

Pain au cheddar 49

Bretzels moelleux 50

Petits pains aux pommes de terre 51

Pain pizza 53

Craquelins à l'ail et au poivre 54

Craquelins de blé entier 57

Pain marbré aux bananes et au chocolat

Pain marbré aux bananes et au chocolat

Ce pain aux bananes est tout aussi délicieux sans marbrure de chocolat et sans noix.

Matériel
moule à pain de 8 po x 4 po (20 cm x 10 cm)

Ingrédients
1 1/2 tasse (375 ml) de farine tout usage

1 c. à thé (5 ml) de bicarbonate de sodium

pincée de sel

1 carré de 1 oz/28 g de chocolat mi-sucré, si désiré

2 bananes mûres

1/3 tasse (80 ml) de beurre non salé, ramolli

2/3 tasse (160 ml) de sucre

1 gros oeuf

1/4 tasse (60 ml) de lait

1 c. à thé (5 ml) de vinaigre blanc

1/4 tasse (60 ml) de noix de Grenoble hachées, si désiré

1 Préchauffe le four à 350°F (180°C).

2 Graisse un moule à pain.

3 Dans un grand bol, à l'aide d'un tamis, tamise la farine, le bicarbonate de sodium et le sel. Mets de côté ces ingrédients secs.

4 Marbrure de chocolat (facultatif). Dans un bol, fais fondre le carré de chocolat au micro-ondes à intensité moyenne (50 %) environ 2 minutes. Brasse bien le chocolat fondu, puis mets-le de côté.

5 Dans un bol, écrase les bananes pelées avec une fourchette ou un presse-purée.

6 Dans un autre bol, dépose le beurre ramolli. Ajoute le sucre et, à l'aide d'une spatule ou d'une cuillère de bois, mélange jusqu'à consistance de crème épaisse. Ajoute ensuite les bananes écrasées, l'oeuf, le lait et le vinaigre. Mélange bien. Verse cette préparation sur les ingrédients secs et mélange bien le tout. Incorpore les noix de Grenoble, si désiré.

7 Pain aux bananes nature : verse la pâte aux bananes dans le moule à pain. Pain marbré aux bananes et au chocolat : mélange 2/3 tasse (160 ml) de la pâte aux bananes avec le chocolat fondu. Verse la pâte au chocolat dans le bol contenant le reste de la pâte aux bananes et brasse une fois pour que le chocolat forme une marbrure. Verse ensuite la pâte dans le moule à pain.

8 Fais cuire le pain au four environ 55 minutes ou jusqu'à ce qu'il soit doré et qu'un cure-dent inséré au centre en ressorte sec. Laisse le pain refroidir complètement avant de le démouler. Passe un couteau de table entre le moule et le pain pour détacher le pain, puis démoule-le.

Donne 1 pain.

Pain marbré

Pour garnir ce pain, tu as le choix entre de la poudre de cacao et des brisures de chocolat ou de la cannelle et des raisins secs. L'une ou l'autre de ces garnitures sera délicieuse !

Matériel
moule carré de 8 po (20 cm) de côté, moule à pain de 8 po x 4 po (20 cm x 10 cm)

Pain
1/4 tasse (60 ml) d'eau chaude (mais non brûlante)

1 c. à thé (5 ml) de levure instantanée

1 c. à thé (5 ml) de sucre

1/3 tasse (80 ml) de lait

1/4 tasse (60 ml) de beurre non salé, coupé en morceaux

1/4 tasse (60 ml) de lait en poudre écrémé

1/4 tasse (60 ml) de sucre

1/2 c. à thé (2 ml) d'essence de vanille

pincée de sel

1 3/4 tasse (430 ml) de farine tout usage

1/4 tasse (60 ml) de farine tout usage

1 gros oeuf

Garniture
2 c. à thé (10 ml) de sucre

1 c. à thé (5 ml) de poudre de cacao non sucrée ou de cannelle

2 c. à table (30 ml) de beurre non salé, ramolli

3 c. à table (45 ml) de brisures de chocolat ou de raisins secs

1 Tapisse un moule carré d'une pellicule de plastique, en laissant dépasser un très grand excédent. Graisse un moule à pain.

2 Pain. Verse l'eau dans une tasse. Ajoute la levure et 1 c. à thé (5 ml) de sucre. Secoue la tasse pour mélanger. Ne brasse pas. Laisse reposer au moins 10 minutes, jusqu'à ce que la préparation soit mousseuse.

3 Dans un bol, chauffe le lait et le beurre au micro-ondes à intensité moyenne (50 %) environ 2 minutes ou jusqu'à ce que le beurre ait fondu. Mélange. Ajoute le lait en poudre, 1/4 tasse (60 ml) de sucre, l'essence de vanille et le sel, et, à l'aide d'un fouet ou d'une fourchette, mélange jusqu'à consistance lisse. Laisse refroidir le mélange jusqu'à ce qu'il soit tiède ou à la température ambiante.

4 À l'aide d'un tamis, tamise 1 3/4 tasse (430 ml) de farine dans un bol (ne tamise pas l'autre quantité de farine [1/4 tasse/60 ml]). Mets de côté ce bol.

5 Incorpore la préparation de levure et l'oeuf au mélange de lait refroidi en battant avec le fouet ou la fourchette jusqu'à consistance lisse. Verse cette préparation sur la farine tamisée. À l'aide d'une spatule ou d'une cuillère de bois, mélange vigoureusement jusqu'à ce que la pâte soit lisse et légèrement élastique. Couvre le bol d'une pellicule de plastique et laisse lever la pâte dans un endroit chaud 20 minutes.

6 Garniture. Dans une tasse, mélange le sucre avec la poudre de cacao ou avec la cannelle.

7 Une fois que la pâte a levé, saupoudre 1/4 tasse (60 ml) de farine sur le dessus. Incorpore la farine en pressant la pâte avec tes doigts. Couvre de nouveau le bol d'une pellicule de plastique et laisse lever la pâte environ 15 minutes.

8 Préchauffe le four à 325°F (160°C).

9 Dépose la pâte dans le moule carré. Presse-la uniformément jusqu'aux parois du moule en faisant éclater les grosses bulles d'air.

10 Avec le dos d'une cuillère, étends le beurre ramolli sur la pâte. Saupoudre-la du mélange de cacao ou du mélande de cannelle, puis parsème-la de brisures de chocolat ou de raisins secs.

11 En laissant la pâte dans le moule et en utilisant la pellicule de plastique pour t'aider, forme un rouleau en serrant le plus possible pour ne laisser aucun vide. Place ce rouleau de pâte dans le moule à pain, le pli dessous (là où les bords du rouleau se rejoignent), puis enlève la pellicule de plastique.

12 Fais cuire le pain au four de 45 à 50 minutes ou jusqu'à ce qu'il soit doré. Laisse-le refroidir légèrement avant de le couper en tranches.

Donne 1 pain.

Pains au chocolat

Ces appétissants petits pains sont légèrement sucrés, mais pas autant qu'un gâteau.
À déguster tout chauds à la sortie du four ou grillés.

Matériel
deux moules à pain miniatures de 6 po x 3 po
(15 cm x 8 cm)

Ingrédients
1/3 tasse (80 ml) d'eau chaude (mais non brûlante)

2 1/4 c. à thé (11 ml) de levure instantanée

1/2 c. à thé (2 ml) de sucre

1/3 tasse (80 ml) de beurre non salé,
    coupé en morceaux

1/2 tasse (125 ml) de sucre

1/3 tasse (80 ml) de lait

2 gros oeufs

2 tasses (500 ml) de farine tout usage

1/4 tasse (60 ml) de poudre de cacao non sucrée

pincée de sel

1   Graisse deux moules à pain.

2   Verse l'eau dans une tasse. Ajoute la levure et
    1/2 c. à thé (2 ml) de sucre. Secoue la tasse pour
    mélanger. Ne brasse pas. Laisse reposer au moins
    10 minutes, jusqu'à ce que la préparation soit
    mousseuse.

3   Dans un bol, fais fondre le beurre au micro-ondes à
    intensité moyenne (50 %) environ 1 minute.
    Mélange. Ajoute 1/2 tasse (125 ml) de sucre et le
    lait, et mélange bien. Laisse refroidir le mélange
    jusqu'à ce qu'il soit tiède. Ajoute les oeufs et
    mélange.

4   Dans un grand bol, à l'aide d'un tamis, tamise la
    farine, la poudre de cacao et le sel. Mélange bien.
    Verse le mélange de lait refroidi et la préparation de
    levure dans le bol. À l'aide d'une spatule ou d'une
    cuillère de bois, mélange vigoureusement jusqu'à ce
    que la pâte soit lisse et élastique (il faudra au moins
    30 bons coups de spatule ou de cuillère). Couvre le
    bol d'une pellicule de plastique et laisse lever la
    pâte légèrement dans un endroit chaud environ
    30 minutes.

5   Préchauffe le four à 350°F (180°C).

6   Une fois que la pâte a levé, brasse-la pour faire
    éclater les grosses bulles d'air. À l'aide d'une spatule,
    verse la pâte dans les moules. Étends-la jusqu'aux
    parois des moules. Dépose les moules sur une
    plaque à pâtisserie. Fais cuire les pains au four de
    40 à 45 minutes ou jusqu'à ce que le dessus soit
    doré et ferme. Laisse les pains refroidir jusqu'à ce
    qu'ils soient tièdes. Passe un couteau de table entre
    les moules et les pains pour bien détacher les pains,
    puis démoule-les.

Donne 2 pains.

Pains au chocolat (page 44)

Brioches à la cannelle (page 46)

45

Brioches à la cannelle

Après avoir préparé ces merveilleuses brioches au caramel coulant,
tu auras l'impression d'être devenu un vrai maître pâtissier.

Matériel
moule carré de 8 po (20 cm) de côté, huit moules à
muffins en métal

Brioches
1/4 tasse (60 ml) d'eau chaude (mais non brûlante)
1 c. à thé (5 ml) de levure instantanée
1 c. à thé (5 ml) de sucre
1/3 tasse (80 ml) de lait
1/4 tasse (60 ml) de beurre non salé,
    coupé en morceaux
3 c. à table (45 ml) de lait en poudre écrémé
3 c. à table (45 ml) de sucre
1/4 c. à thé (1 ml) d'essence de vanille
pincée de sel
1 gros oeuf
1 3/4 tasse (430 ml) de farine tout usage
1/4 tasse (60 ml) de farine tout usage
farine (pour fariner)

Garniture
1/4 tasse (60 ml) de beurre non salé, ramolli
1/3 tasse (80 ml) de cassonade, tassée
1/2 c. à thé (2 ml) de cannelle ou plus, au goût
pincée de sel

1 Tapisse un moule carré d'une pellicule de plastique, en laissant dépasser un très grand excédent. Graisse huit moules à muffins en métal.

2 Brioches. Verse l'eau dans une tasse. Ajoute la levure et 1 c. à thé (5 ml) de sucre. Secoue la tasse pour mélanger. Ne brasse pas. Laisse reposer au moins 10 minutes, jusqu'à ce que la préparation soit mousseuse.

3 Dans un bol, chauffe le lait et le beurre au micro-ondes à intensité moyenne (50 %) environ 2 minutes ou jusqu'à ce que le beurre ait fondu. Mélange. Ajoute le lait en poudre, 3 c. à table (45 ml) de sucre, l'essence de vanille et le sel, et mélange jusqu'à ce que le sucre soit dissous. Laisse refroidir le mélange jusqu'à ce qu'il soit à la température ambiante.

4 À l'aide d'un fouet, incorpore la préparation de levure et l'oeuf au mélange de lait refroidi. Ne t'en fais pas s'il y a des grumeaux. À l'aide d'une spatule, incorpore petit à petit 1 3/4 tasse (430 ml) de farine. Mélange vigoureusement jusqu'à ce que la pâte soit lisse et élastique. Couvre le bol d'une pellicule de plastique et laisse lever la pâte dans un endroit chaud 20 minutes.

5 Garniture. Dans un petit bol, dépose le beurre ramolli. Ajoute la cassonade, la cannelle et le sel, et, à l'aide d'une spatule ou d'une cuillère de bois, mélange jusqu'à consistance de crème épaisse. Mets de côté ce mélange.

6 Une fois que la pâte a levé, à l'aide d'une spatule propre ou d'une cuillère de bois propre, ajoute 1/4 tasse (60 ml) de farine et mélange. Incorpore toute la farine en pressant la pâte avec tes mains. Couvre de nouveau le bol d'une pellicule de plastique et laisse lever la pâte 15 minutes.

7 Préchauffe le four à 325°F (160°C).

8 Farine tes mains et dépose la pâte dans le moule carré (la pâte sera collante). Presse-la uniformément jusqu'aux parois du moule en faisant éclater les grosses bulles d'air.

9 Avec le dos d'une cuillère, étale la garniture sur la pâte. En laissant la pâte dans le moule et en utilisant la pellicule de plastique pour t'aider, forme un rouleau en serrant le plus possible pour ne laisser aucun vide. À l'aide d'un couteau de table passé dans la farine, coupe le rouleau de pâte en huit tranches égales. Ne t'en fais pas si les tranches ne sont pas parfaites, car la pâte est spongieuse.

10 Place ces tranches, le côté coupé dessus, dans les moules à muffins. Ne t'en fais pas si les tranches ne sont pas tout à fait rondes. L'important, c'est que le côté coupé soit sur le dessus pour que les brioches gardent leur forme roulée pendant la cuisson.

11 Fais cuire les brioches au four environ 25 minutes ou jusqu'à ce qu'elles soient dorées. Laisse-les refroidir légèrement dans les moules, puis démoule-les dans une assiette, la garniture de caramel sur le dessus. Arrose-les de glaçage au sucre, si désiré.

Donne 8 brioches.

Glaçage au sucre

1/4 tasse (60 ml) de sucre en poudre
1 1/2 c. à table (22 ml) de lait ou de crème
   ou plus, au besoin

Dans un bol, à l'aide d'un tamis, tamise le sucre en poudre. Ajoute le lait ou la crème et mélange avec une cuillère. Verse ce glaçage sur les brioches encore chaudes. Laisse reposer quelques minutes jusqu'à ce que le glaçage ait pris.

Pain au cheddar et bretzels moelleux (pages 49 et 50)

Pain au cheddar

Pour préparer ce pain éclair, il vaut mieux utiliser du cheddar jaune,
car il sera plus visible dans la pâte.

Matériel
moule à pain de 8 po x 4 po (20 cm x 10 cm)

Ingrédients
1/2 tasse (125 ml) de lait

1/3 tasse (80 ml) de beurre non salé,
    coupé en morceaux

2 tasses (500 ml) de farine tout usage

2 c. à thé (10 ml) de poudre à pâte

1 1/2 c. à thé (7 ml) de sucre

1 c. à thé (5 ml) de sel

2 gros oeufs

1 tasse (250 ml) de cheddar jaune, râpé

1 Préchauffe le four à 350°F (180°C).

2 Graisse un moule à pain.

3 Dans un bol, chauffe le lait et le beurre au micro-ondes à intensité moyenne (50 %) environ 2 minutes ou jusqu'à ce que le beurre ait fondu. Brasse, puis laisse refroidir le mélange jusqu'à ce qu'il soit à la température ambiante.

4 Dans un grand bol, à l'aide d'un tamis, tamise la farine, la poudre à pâte, le sucre et le sel. Mélange.

5 Incorpore les oeufs au mélange de lait refroidi en battant avec une fourchette. Verse cette préparation sur les ingrédients secs et, à l'aide d'une spatule, mélange jusqu'à ce que la pâte soit humide, sans plus. Ne mélange pas trop. Ajoute le cheddar et brasse juste assez pour que le fromage forme des marbrures dans la pâte.

6 À l'aide de la spatule, verse la pâte dans le moule à pain. Fais cuire le pain au four environ 45 minutes ou jusqu'à ce qu'il ait gonflé et que le dessus soit doré et craquelé. Laisse refroidir le pain jusqu'à ce qu'il soit tiède. Passe un couteau de table entre le moule et le pain pour détacher le pain, puis démoule-le. Coupe le pain en tranches. Le pain se déguste chaud.

Donne 1 pain.

Bretzels moelleux

Ces gros bretzels tendres et savoureux sont un régal, particulièrement quand ils sont trempés dans de la moutarde au miel.

Ingrédients

2/3 tasse (160 ml) d'eau chaude (mais non brûlante)

1/2 c. à thé (2 ml) de levure instantanée

1 c. à thé (5 ml) de sucre

1 c. à table (15 ml) d'huile d'olive

1/2 c. à thé (2 ml) de sel de mer fin
ou de sel de table

1 3/4 tasse (430 ml) de farine tout usage

farine (pour saupoudrer)

1/4 tasse (60 ml) de lait

1/4 c. à thé (1 ml) de gros sel

1/4 tasse (60 ml) de cheddar, râpé grossièrement

moutarde au miel pour tremper, si désiré

1 Tapisse une plaque à pâtisserie de papier parchemin.

2 Verse l'eau dans une tasse. Ajoute la levure et le sucre. Secoue la tasse pour mélanger. Ne brasse pas. Laisse reposer au moins 10 minutes, jusqu'à ce que la préparation soit mousseuse.

3 Verse la préparation de levure dans un grand bol. Ajoute l'huile d'olive et le sel (pas le gros sel), et mélange. Incorpore petit à petit la farine en brassant avec une spatule ou une cuillère de bois. Lorsque la pâte devient trop difficile à brasser, incorpore le reste de la farine en pressant la pâte avec tes mains. Étire la pâte et presse-la à quelques reprises jusqu'à ce qu'elle soit lisse et élastique.

4 Saupoudre une surface de travail de farine et déposes-y la pâte. Couvre la pâte d'un linge humide et laisse-la reposer 10 minutes.

5 Aplatis la pâte à environ 1 po (2,5 cm) d'épaisseur. Coupe la pâte en sept languettes égales avec un couteau de table ou une roulette à pizza.

6 Préchauffe le four à 425°F (220°C).

7 Roule chaque languette de pâte en un cordon d'environ 1/2 po (1 cm) d'épaisseur et de 15 po (38 cm) de longueur. La pâte sera élastique, mais il faut continuer de la rouler. Pour former les bretzels, prends les deux extrémités d'un cordon de pâte, forme un cercle et croise les deux extrémités en les faisant se chevaucher vers l'intérieur (pour t'aider, regarde la photo à la page 48). Dépose les bretzels sur la plaque à pâtisserie.

8 À l'aide d'un pinceau à pâtisserie, badigeonne les bretzels de lait et parsème-les de gros sel et de cheddar. Fais-les cuire au four de 15 à 20 minutes ou jusqu'à ce qu'ils soient dorés et que le fromage soit bouillonnant. Laisse les bretzels tiédir. Pour les déguster, trempe-les dans de la moutarde au miel, si désiré.

Donne 7 gros bretzels.

Petits pains aux pommes de terre

Cette recette donne deux beaux pains qui feront de délicieux petits sandwichs.

Matériel
deux moules à pain miniatures de 6 po x 3 po
(15 cm x 8 cm)

Ingrédients
1/4 tasse (60 ml) d'eau chaude (mais non brûlante)
1 c. à thé (5 ml) de levure instantanée
1/2 c. à thé (2 ml) de sucre
3/4 tasse (180 ml) de lait
2 c. à table (30 ml) de beurre non salé
1/2 tasse (125 ml) de pommes de terre en flocons
1 gros oeuf
1 1/2 tasse (375 ml) de farine tout usage
1 c. à thé (5 ml) de sel

1 Verse l'eau dans une tasse. Ajoute la levure et le sucre. Secoue la tasse pour mélanger. Ne brasse pas. Laisse reposer au moins 10 minutes, jusqu'à ce que la préparation soit mousseuse.

2 Verse le lait dans un bol. Ajoute le beurre et chauffe le tout au micro-ondes à intensité moyenne (50 %) environ 2 minutes ou jusqu'à ce que le beurre ait fondu. Mélange bien. À l'aide d'une spatule ou d'une cuillère de bois, ajoute les pommes de terre en flocons et mélange. Laisse tiédir la préparation. Ajoute l'oeuf et la préparation de levure, et mélange jusqu'à consistance lisse.

3 Dans un grand bol, mélange la farine et le sel. Ajoute la préparation de pommes de terre et brasse jusqu'à ce que la pâte soit collante, mais sans grumeaux. Couvre le bol d'une pellicule de plastique et laisse lever la pâte dans un endroit chaud 30 minutes.

4 Pendant que la pâte lève, graisse deux moules à pain.

5 À l'aide de la spatule ou de la cuillère de bois, fais éclater les grosses bulles d'air dans la pâte qui a levé. À l'aide de la spatule, verse la pâte dans les moules. Presse-la délicatement jusqu'aux parois des moules. Couvre chaque moule d'une pellicule de plastique et laisse lever la pâte dans un endroit chaud 15 minutes.

6 Préchauffe le four à 350°F (180°C).

7 Retire les pellicules de plastique et dépose les moules sur une plaque à pâtisserie. Fais cuire les pains au four environ 45 minutes ou jusqu'à ce qu'ils aient gonflé et qu'ils soient dorés. Laisse-les refroidir légèrement. Passe un couteau de table entre les moules et les pains pour détacher les pains, puis démoule-les.

Donne 2 petits pains.

Petits pains aux pommes de terre (page 51)   Pain pizza (page 53)

Pain pizza

Ce pain moelleux a toutes les saveurs d'une véritable pizza.

Matériel

moule à pain de 8 po x 4 po (20 cm x 10 cm)

Ingrédients

2 tasses (500 ml) de farine tout usage

2 c. à thé (10 ml) de poudre à pâte

2 c. à thé (10 ml) d'origan séché

1 c. à thé (5 ml) de sel à l'ail

1 c. à thé (5 ml) de sucre

1/3 tasse (80 ml) de tranches de pepperoni

1/2 tasse (125 ml) de sauce tomate (pas de pâte
de tomates)

1/3 tasse (80 ml) de fromage mozzarella
ou de cheddar blanc, râpé

1/4 tasse (60 ml) de parmesan râpé

1/4 tasse (60 ml) de beurre non salé,
coupé en morceaux

2/3 tasse (160 ml) de lait

2 gros oeufs

1 Préchauffe le four à 350°F (180°C).

2 Graisse un moule à pain.

3 Dans un grand bol, à l'aide d'un tamis, tamise la farine et la poudre à pâte. Ajoute l'origan, le sel à l'ail et le sucre, et mélange. Mets de côté ces ingrédients secs.

4 À l'aide d'une roulette à pizza, coupe les tranches de pepperoni en petits morceaux. Mélange-les avec la sauce tomate, le fromage mozzarella et le parmesan. Mets de côté cette préparation.

5 Dans un autre bol, fais fondre le beurre au micro-ondes à intensité moyenne (50 %) environ 1 minute. Brasse le beurre, puis laisse-le tiédir.

6 Ajoute le lait et les oeufs au beurre tiède, et mélange avec un fouet. Ne t'en fais pas si de petits morceaux de beurre deviennent durs.

7 Verse le mélange de lait sur les ingrédients secs et brasse jusqu'à ce que la pâte soit humide, sans plus. Ne brasse pas trop.

8 Verse la préparation de pepperoni sur la pâte et brasse juste assez pour qu'elle forme des marbrures (ne l'incorpore pas complètement). Verse la pâte dans le moule à pain et étends-la uniformément.

9 Fais cuire le pain au four de 50 à 55 minutes ou jusqu'à ce que le dessus ait gonflé et qu'il soit doré.

Donne 1 pain.

Craquelins à l'ail et au poivre

Même les tout-petits peuvent confectionner ces craquelins croustillants.
Ils seront encore meilleurs préparés avec du poivre au citron.

Ingrédients

1 gros blanc d'oeuf

1/2 c. à thé (2 ml) de sel à l'ail

1/2 c. à thé (2 ml) de sel à l'oignon

1/4 c. à thé (1 ml) de poivre au citron ou une pincée de poivre noir

1/4 c. à thé (1 ml) de persil séché

1/8 c. à thé (0,5 ml) de sucre

10 pâtes à wonton (enveloppe bien le reste du paquet et congèle-le)

2 c. à table (30 ml) d'huile d'olive

1 c. à table comble (15 ml +) de parmesan râpé

1 c. à table (15 ml) de graines de sésame, si désiré

1 Préchauffe le four à 350°F (180°C).

2 Tapisse une plaque à pâtisserie de papier parchemin.

3 Dans un petit bol, à l'aide d'une fourchette ou d'un petit fouet, fouette le blanc d'oeuf avec les sels à l'ail et à l'oignon, le poivre, le persil et le sucre jusqu'à ce qu'il n'y ait plus de grumeaux. Mets de côté ce mélange.

4 Étends les pâtes à wonton sur une surface de travail. À l'aide d'une roulette à pizza ou de ciseaux de cuisine, coupe chacune des pâtes en quatre carrés. Badigeonne-les légèrement d'huile d'olive de chaque côté.

5 Trempe un pinceau à pâtisserie dans le mélange de blanc d'oeuf et badigeonne généreusement un côté de chaque carré de pâte. Parsème les carrés de pâte de parmesan et de graines de sésame, si désiré.

6 Détache délicatement les carrés de pâte et étends-les, le côté garni dessus, sur la plaque à pâtisserie. Fais cuire les craquelins au four environ 8 minutes ou jusqu'à ce que leur bordure soit croustillante et dorée. Surveille attentivement pendant les 2 dernières minutes de cuisson pour éviter que les craquelins ne brûlent. Laisse-les refroidir complètement sur la plaque à pâtisserie avant de les toucher.

Donne 40 craquelins.

Craquelins à l'ail et au poivre

Craquelins de blé entier

Craquelins de blé entier

Plutôt mignons, mais pas trop recherchés. En fait, des craquelins de tous les jours parfaits pour accompagner un bon bol de soupe.

Ingrédients

1/2 tasse (125 ml) de farine tout usage

1/4 tasse (60 ml) de farine de blé entier

1 c. à thé (5 ml) de sucre

1/4 c. à thé (1 ml) de bicarbonate de sodium

1/4 c. à thé (1 ml) de sel de mer fin ou de sel de table

2 c. à table (30 ml) de beurre non salé, froid

2 c. à table + 1 c. à thé (35 ml) de lait

1 c. à thé (5 ml) de jus de citron

1/2 c. à thé (2 ml) de graines de sésame, si désiré

sel, si désiré

1 Préchauffe le four à 400°F (200°C).

2 Tapisse une plaque à pâtisserie de papier parchemin.

3 Dans un grand bol, à l'aide d'un tamis, tamise la farine tout usage, la farine de blé entier, le sucre, le bicarbonate de sodium et le sel (assure-toi qu'il ne reste plus rien dans le tamis). Mélange bien.

4 Ajoute le beurre froid aux ingrédients secs et, à l'aide d'un coupe-pâte, mélange jusqu'à ce que la préparation ait la texture d'une chapelure grossière. Utilise un couteau de table pour nettoyer le coupe-pâte au fur et à mesure de cette opération.

5 Dans une tasse, verse le lait et le jus de citron, et mélange. Ne t'en fais pas si le lait semble cailler. Verse ce mélange sur la préparation de farine et brasse avec une fourchette jusqu'à ce que la pâte soit ferme. Si la pâte est trop sèche pour tenir ensemble,

ajoute quelques gouttes de lait. Façonne la pâte en boule avec tes mains en ramassant toutes les miettes et dépose-la sur la plaque à pâtisserie.

6 À l'aide d'un rouleau à pâtisserie (il n'est pas nécessaire de le fariner), abaisse la pâte le plus mince possible, à environ 1/8 po (3 mm) d'épaisseur. (La pâte gonfle beaucoup pendant la cuisson. Plus la pâte sera mince, plus les craquelins seront croustillants.) Parsème la pâte de graines de sésame et de sel, si désiré, et passe le rouleau à pâtisserie sur le dessus en pressant légèrement.

7 À l'aide d'une roulette à pizza, coupe la pâte dans le sens de la longueur pour obtenir des lanières de 1 po (2,5 cm), puis dans l'autre sens, de manière à former de petits carrés de 1 po (2,5 cm) de côté. Ne bouge pas la pâte. (Pendant la cuisson, les carrés vont gonfler et se séparer pour former des craquelins.)

8 Fais cuire les craquelins au four de 10 à 12 minutes en surveillant la cuisson afin que leur bordure devienne dorée, mais ne brûle pas. Retire la plaque du four et laisse les craquelins refroidir (laisse le four allumé).

9 Détache les craquelins. Mets les craquelins les plus dorés au centre de la plaque à pâtisserie et place ceux qui commencent juste à dorer sur le bord de la plaque. Poursuis la cuisson au four environ 5 minutes ou jusqu'à ce que tous les craquelins soient dorés.

Donne plusieurs poignées de craquelins.

3

Biscuits

Biscuits au caramel 62

Macarons à la noix de coco 63

Biscuits à l'avoine et aux raisins secs 64

Biscuits aux deux chocolats 65

Biscuits aux brisures de chocolat 66

Biscuits aux noisettes 67

Biscuits alphabet, glaçage à biscuits 69

Biscuits aux amandes 71

Sablés 72

Biscuits roulés au chocolat

et à la menthe 73

Bonshommes en pain d'épice 76

Biscuits étagés au chocolat 79

Biscuits étagés à la vanille 80

Garnitures à biscuits 81

Biscuits au beurre d'arachides

et à la confiture 82

Biscuits arc-en-ciel 84

Biscuits au caramel
(page 62)

Macarons à la noix de coco
(page 63)

Biscuits à l'avoine et aux raisins secs
(page 64)

Biscuits aux deux chocolats
(page 65)

Biscuits aux brisures de chocolat
(page 66)

Biscuits aux noisettes
(page 67)

Biscuits au caramel

Ces biscuits croquants au beurre sont étonnamment légers et pourtant ils débordent de saveur.

Ingrédients

1/3 tasse (80 ml) de farine tout usage

1/4 c. à thé (1 ml) de bicarbonate de sodium

1/8 c. à thé (0,5 ml) de sel

2 c. à table (30 ml) de beurre non salé, ramolli

1/4 tasse (60 ml) de cassonade, tassée

1 gros jaune d'oeuf

1/3 tasse (80 ml) de céréales de riz
(de type Rice Krispies)

2 c. à table (30 ml) de brisures de caramel
ou de chocolat

1 Préchauffe le four à 350°F (180°C).

2 Tapisse une plaque à pâtisserie de papier parchemin.

3 Dans un bol, à l'aide d'un tamis, tamise la farine, le bicarbonate de sodium et le sel. Mélange.

4 Dans un autre bol, dépose le beurre ramolli. Ajoute la cassonade et, à l'aide d'une spatule ou d'une cuillère de bois, mélange jusqu'à consistance de crème épaisse. Ajoute le jaune d'oeuf et mélange bien.

5 Incorpore petit à petit les ingrédients secs au mélange de beurre. Lorsque la préparation est homogène, ajoute les céréales de riz et les brisures de caramel ou de chocolat. Mélange.

6 Laisse tomber la pâte, 1 c. à table (15 ml) à la fois, sur la plaque à pâtisserie en espaçant les cuillerées d'environ 2 po (5 cm). Prépare 12 biscuits.

7 Fais cuire les biscuits au four de 12 à 14 minutes ou jusqu'à ce qu'ils soient dorés et qu'ils aient perdu leur brillant sur le dessus. Laisse les biscuits refroidir complètement avant de les retirer de la plaque à pâtisserie.

Donne 12 biscuits.

Macarons à la noix de coco

Au fur et à mesure que les biscuits cuisent, la cuisine se remplit du parfum de la noix de coco grillée. Ces biscuits très légers sont incomparablement moelleux.

Matériel

batteur à oeufs

Ingrédients

1 tasse (250 ml) de flocons de noix de coco sucrés

1 gros blanc d'oeuf

1/8 c. à thé (0,5 ml) de crème de tartre

pincée de sel

1/3 tasse (80 ml) de sucre

1. Préchauffe le four à 300°F (150°C).

2. Tapisse une plaque à pâtisserie de papier parchemin.

3. Dépose les flocons de noix de coco dans un grand bol. Mets de côté ce bol.

4. Dans un petit bol, à l'aide d'un batteur à oeufs, bats le blanc d'oeuf, la crème de tartre et le sel jusqu'à ce que le mélange soit blanc et qu'il ait gonflé. Ajoute le sucre, une cuillerée à la fois, en battant après chaque addition.

5. À l'aide d'une spatule, ajoute la préparation de blanc d'oeuf aux flocons de noix de coco et mélange délicatement. Laisse tomber la pâte, par cuillerées, sur la plaque à pâtisserie en espaçant les cuillerées d'au moins 3 po (8 cm). Prépare 10 macarons.

6. Fais cuire les macarons au four de 18 à 20 minutes ou jusqu'à ce que leur bordure soit légèrement dorée. Laisse les macarons refroidir complètement avant de les retirer de la plaque à pâtisserie.

Donne 10 macarons.

Biscuits à l'avoine et aux raisins secs

Ces savoureux biscuits ne sont pas tendres, ils sont plutôt croquants.
C'est l'avoine grillée qui les rend croustillants et qui leur donne une subtile saveur de noix.

Ingrédients

1/2 tasse + 2 c. à table (155 ml) de flocons d'avoine à cuisson rapide (et non à cuisson instantanée)

1/2 tasse (125 ml) de farine tout usage

1/4 c. à thé (1 ml) de bicarbonate de sodium

1/8 c. à thé (0,5 ml) de cannelle, si désiré

1/8 c. à thé (0,5 ml) de sel

3 c. à table (45 ml) de beurre non salé, ramolli

2 c. à table (30 ml) de cassonade, tassée

2 c. à table (30 ml) de sucre

1 gros oeuf

2 à 3 c. à table (30 à 45 ml) de raisins secs

1   Préchauffe le four à 350°F (180°C).

2   Tapisse une plaque à pâtisserie de papier parchemin.

3   Étends les flocons d'avoine sur la plaque et fais-les griller au four environ 10 minutes ou jusqu'à ce qu'ils soient dorés. Surveille-les bien pendant les 3 dernières minutes de cuisson pour éviter qu'ils ne brûlent. Retire-les du four et laisse-les refroidir (laisse le four allumé).

4   Dans un bol, à l'aide d'un tamis, tamise la farine, le bicarbonate de sodium, la cannelle, si désiré, et le sel. Mélange.

5   Dans un autre bol, dépose le beurre ramolli. Ajoute la cassonade et le sucre, et, à l'aide d'une spatule ou d'une cuillère de bois, mélange jusqu'à consistance de crème épaisse. Ajoute l'oeuf et mélange bien.

6   Ajoute petit à petit les ingrédients secs au mélange de beurre et mélange bien. Ajoute les flocons d'avoine refroidis et les raisins secs. Mélange.

7   Tapisse de nouveau la plaque à pâtisserie (elle doit être complètement refroidie) de papier parchemin. Laisse tomber la pâte, 1 c. à thé (5 ml) à la fois, sur la plaque en espaçant les cuillerées d'au moins 3 po (8 cm). Prépare de 10 à 12 biscuits.

8   Fais cuire les biscuits au four environ 14 minutes ou jusqu'à ce qu'ils soient dorés sur le dessus. Laisse les biscuits refroidir complètement avant de les retirer de la plaque à pâtisserie.

Donne 10 à 12 biscuits.

Biscuits aux deux chocolats

Personne ne résistera à ces biscuits doublement chocolatés grâce aux brisures de chocolat piquées dans la pâte au chocolat.

Ingrédients

1/2 tasse (125 ml) de farine tout usage

1/4 tasse (60 ml) de cassonade, tassée

2 c. à table (30 ml) de sucre

1/8 c. à thé (0,5 ml) de bicarbonate de sodium

pincée de sel

4 carrés de 1 oz (28 g) chacun de chocolat mi-sucré

2 c. à table (30 ml) de beurre non salé

1/2 c. à thé (2 ml) d'essence de vanille

1 gros oeuf

1/4 tasse (60 ml) de brisures de chocolat

1　Préchauffe le four à 350°F (180°C).

2　Tapisse une plaque à pâtisserie de papier parchemin.

3　Dans un bol, mélange la farine, la cassonade, le sucre, le bicarbonate de sodium et le sel. Mets de côté ces ingrédients secs. (Il est important d'avoir les ingrédients mesurés et mélangés, prêts à être ajoutés au chocolat fondu avant qu'il ne refroidisse.)

4　Dépose les carrés de chocolat et le beurre dans un bol. Chauffe le tout au micro-ondes à intensité moyenne (50 %), en brassant à la mi-cuisson, environ 3 1/2 minutes ou jusqu'à ce que le chocolat ait fondu. Mélange bien.

5　À l'aide d'une spatule, incorpore l'essence de vanille au chocolat fondu. Incorpore ensuite, petit à petit, les ingrédients secs. Ajoute l'oeuf et mélange bien. Ajoute les brisures de chocolat et mélange.

6　À l'aide d'une cuillère à table légèrement graissée, laisse tomber la pâte sur la plaque à pâtisserie en espaçant les cuillerées d'au moins 2 po (5 cm). Prépare environ 12 biscuits.

7　Fais cuire les biscuits au four environ 14 minutes ou jusqu'à ce que leur bordure soit ferme, mais que leur centre soit encore légèrement mou. Laisse les biscuits tiédir avant de les retirer de la plaque à pâtisserie.

Donne environ 12 biscuits.

Biscuits aux brisures de chocolat

Cette recette donne peut-être une petite quantité de biscuits, mais il faut les dévorer sans tarder, quand ils sont encore tout chauds !

Ingrédients

2/3 tasse + 1 c. à table (175 ml) de farine tout usage

1/4 c. à thé (1 ml) de bicarbonate de sodium

1/8 c. à thé (0,5 ml) de sel

1/4 tasse (60 ml) de beurre non salé, ramolli

1/4 tasse (60 ml) de cassonade, tassée

3 c. à table (45 ml) de sucre

1 gros jaune d'oeuf

1/2 c. à thé (2 ml) d'essence de vanille

1 c. à table (15 ml) d'eau

1/3 tasse (80 ml) de brisures de chocolat mi-sucré

1/4 tasse (60 ml) de pacanes ou de noix de Grenoble, hachées grossièrement, de fruits séchés hachés ou de raisins secs

1. Préchauffe le four à 350°F (180°C).

2. Tapisse une plaque à pâtisserie de papier parchemin.

3. Dans un bol, à l'aide d'un tamis, tamise la farine, le bicarbonate de sodium et le sel. Mélange.

4. Dans un autre bol, dépose le beurre ramolli. Ajoute la cassonade et le sucre, et, à l'aide d'une spatule ou d'une cuillère de bois, mélange jusqu'à consistance de crème épaisse. Ajoute le jaune d'oeuf, l'essence de vanille et l'eau. Mélange bien.

5. Incorpore petit à petit les ingrédients secs au mélange de beurre. Ajoute les brisures de chocolat et les pacanes ou les noix de Grenoble, les fruits séchés ou les raisins secs. Mélange.

6. Laisse tomber la pâte, 1 c. à table (15 ml) à la fois, sur la plaque à pâtisserie en espaçant les cuillerées d'environ 3 po (8 cm). N'aplatis pas les biscuits. Prépare environ 12 biscuits.

7. Fais cuire les biscuits au four de 10 à 12 minutes ou jusqu'à ce que leur bordure commence à dorer. Retire la plaque à pâtisserie du four. Laisse les biscuits reposer sur la plaque jusqu'à ce qu'ils soient fermes, mais encore chauds.

Donne environ 12 biscuits.

Biscuits aux noisettes

Légers comme l'air, ces biscuits sont aussi bons que l'arôme qu'ils dégagent.
Ils ont un contour croustillant et un centre tout moelleux.

Matériel

batteur à oeufs

Ingrédients

1 tasse (250 ml) de noisettes (ou avelines) moulues,
   d'amandes moulues ou de pacanes moulues

2 c. à table (30 ml) de farine tout usage

2 c. à table (30 ml) de beurre non salé

1 gros oeuf

1/2 tasse (125 ml) de sucre

1 ou 2 gouttes d'essence de vanille

1. Préchauffe le four à 350°F (180°C).

2. Tapisse une plaque à pâtisserie de papier parchemin.

3. Dans un bol, mélange les noisettes, les amandes ou les pacanes moulues et la farine.

4. Dans un bol, fais fondre le beurre au micro-ondes à intensité moyenne (50 %) environ 30 secondes. Brasse le beurre fondu et verse-le sur le mélange de noisettes. Mélange bien le tout avec une spatule ou une cuillère de bois.

5. Dans un petit bol, à l'aide d'un batteur à oeufs, bats l'oeuf jusqu'à ce qu'il soit pâle et épais comme une pâte à gâteau épaisse. En continuant de battre, ajoute petit à petit le sucre, par grosses cuillerées, et l'essence de vanille.

6. Verse le mélange d'oeuf sur le mélange de noisettes. Mélange bien le tout avec une spatule ou une cuillère de bois. Laisse tomber la pâte, par cuillerées, sur la plaque à pâtisserie en espaçant les cuillerées d'au moins 3 po (8 cm). Prépare 15 biscuits.

7. Fais cuire les biscuits au four environ 15 minutes ou jusqu'à ce qu'ils aient perdu leur brillant sur le dessus et que leur bordure commence à dorer. Laisse les biscuits refroidir complètement avant de les retirer de la plaque à pâtisserie.

Donne 15 biscuits.

Biscuits alphabet

Biscuits alphabet

On façonne d'abord la pâte en cordons, puis on la transforme en lettres de l'alphabet.
On peut même jouer au tic-tac-toe !

Ingrédients

1/4 tasse (60 ml) de beurre non salé, coupé en morceaux

3/4 tasse + 2 c. à table (210 ml) de farine tout usage

1/3 tasse (80 ml) de sucre en poudre

pincée de sel

2 c. à table (30 ml) de sirop de maïs (de préférence le sirop de maïs incolore)

1/4 c. à thé (1 ml) d'essence de vanille

1 gros jaune d'oeuf

farine (pour saupoudrer)

1. Préchauffe le four à 325°F (160°C).

2. Tapisse une plaque à pâtisserie de papier parchemin.

3. Dans un bol, fais fondre le beurre au micro-ondes à intensité moyenne (50 %) environ 30 secondes. Brasse le beurre fondu, puis laisse-le refroidir.

4. Dans un bol, à l'aide d'un tamis, tamise la farine, le sucre en poudre et le sel. Mélange. Mets de côté ces ingrédients secs.

5. Ajoute le sirop de maïs et l'essence de vanille au beurre refroidi, et, à l'aide d'une spatule ou d'une cuillère de bois, mélange jusqu'à consistance lisse. Ajoute le jaune d'oeuf et mélange bien.

6. Verse cette préparation sur les ingrédients secs et mélange bien. Pétris la pâte dans le bol en la pressant avec tes mains. (Au début, la pâte peut être grume-leuse, mais pétris-la jusqu'à ce qu'elle soit lisse.)

7. Saupoudre une surface de travail d'un peu de farine. Roule des morceaux de pâte pour former des cordons de 1/2 po (1 cm) d'épaisseur, puis donne-leur la forme de lettres. Pour faire un jeu de tic-tac-toe, fais cinq X et cinq O. Dépose les lettres sur la plaque à pâtisserie en les espaçant d'au moins 1 po (2,5 cm).

8. Fais cuire les biscuits au four de 10 à 12 minutes ou jusqu'à ce que leur bordure commence à dorer. Laisse-les refroidir complètement sur la plaque à pâtisserie avant de les colorer avec le glaçage.

Donne 1 assortiment de biscuits alphabet.

Glaçage à biscuits

1 tasse (250 ml) de sucre en poudre

1 c. à table (15 ml) de lait ou plus (pour éclaircir)

1/2 c. à thé (2 ml) de jus de citron

colorants alimentaires de couleurs différentes

Dans un petit bol, à l'aide d'un tamis, tamise le sucre en poudre. Ajoute le lait et le jus de citron, et mélange jusqu'à consistance lisse. Au besoin, ajoute quelques gouttes de lait pour éclaircir le glaçage.

Verse le glaçage dans de petites assiettes. Pour le colorer, trempe un cure-dent dans du colorant alimentaire, puis dans le glaçage d'une des assiettes et mélange bien. À l'aide d'un petit pinceau, étends du glaçage sur les biscuits refroidis. Laisse sécher.

Biscuits alphabet (X et O) (page 69)   Biscuits aux amandes et sablés (pages 71 et 72)

Biscuits aux amandes

Pour décorer ces jolis petits biscuits, on dépose une amande entière
ou une cuillerée de confiture au centre.

Ingrédients

1/3 tasse (80 ml) de farine tout usage

1/4 tasse (60 ml) de sucre en poudre

1/2 tasse (125 ml) d'amandes moulues

1/4 c. à thé (1 ml) de poudre à pâte

1/8 c. à thé (0,5 ml) de sel

3 c. à table (45 ml) de beurre non salé, ramolli

2 c. à table (30 ml) de sucre

1 gros jaune d'oeuf

1/4 c. à thé (1 ml) d'essence de vanille

20 amandes entières blanchies ou plus

1/4 tasse (60 ml) de confiture

1 Tapisse une plaque à pâtisserie de papier parchemin.

2 Dans un bol, à l'aide d'un tamis, tamise la farine et le sucre en poudre. Ajoute les amandes moulues, la poudre à pâte et le sel. Mélange.

3 Dans un autre bol, dépose le beurre ramolli. Ajoute le sucre et, à l'aide d'une spatule ou d'une cuillère de bois, mélange jusqu'à consistance de crème épaisse. Ajoute le jaune d'oeuf et l'essence de vanille. Mélange.

4 Incorpore petit à petit les ingrédients secs au mélange de beurre. Lorsque la pâte devient trop difficile à brasser, incorpore le reste des ingrédients secs, puis pétris la pâte avec tes mains dans le bol, jusqu'à ce qu'elle soit molle. Si la pâte est trop collante, ajoute 1 c. à thé (5 ml) de farine en la pétrissant.

5 Préchauffe le four à 325°F (160°C).

6 En prenant environ 1/2 c. à table (7 ml) de pâte à la fois, fais des boules (la quantité de pâte peut paraître petite, mais c'est ce qu'il faut pour faire de petits biscuits, car la pâte lève beaucoup pendant la cuisson). Dépose les boules sur la plaque à pâtisserie en les espaçant d'environ 2 po (5 cm). Avec ton pouce, fais une petite cavité au centre de chaque boule et garnis chaque boule d'une amande entière ou de confiture. Prépare environ 20 biscuits. Réfrigère-les 10 minutes.

7 Fais cuire les biscuits au four environ 12 minutes ou jusqu'à ce que leur bordure soit légèrement dorée. Laisse les biscuits refroidir complètement avant de les retirer de la plaque à pâtisserie.

Donne environ 20 biscuits.

Sablés

Ces petits sablés fondent dans la bouche. Pour les décorer, on les parsème de paillettes et de sucres de couleur avant de les faire cuire.

Ingrédients

paillettes et sucres colorés (pour décorer)

3/4 tasse + 2 c. à table (210 ml) de farine tout usage

3 c. à table (45 ml) de fécule de maïs

1/2 tasse (125 ml) de beurre non salé, ramolli

1/4 tasse (60 ml) de sucre

1 Tapisse une plaque à pâtisserie de papier parchemin. Dépose les paillettes et les sucres colorés dans de petites assiettes.

2 Dans un bol, mélange la farine et la fécule de maïs.

3 Dans un autre bol, dépose le beurre ramolli. Ajoute le sucre et, à l'aide d'une spatule ou d'une cuillère de bois, mélange jusqu'à consistance de crème épaisse. Ajoute petit à petit les ingrédients secs au mélange de beurre en brassant jusqu'à ce que la préparation forme une pâte molle.

4 Préchauffe le four à 300°F (150°C).

5 Prends une petite quantité de pâte (de la grosseur d'une noix de Grenoble) et roule-la pour former une boule de 1 po (2,5 cm) de diamètre. Presse légèrement, sans l'écraser, le dessus de la boule de pâte dans les paillettes ou les sucres colorés. Fais un biscuit à la fois, avant de façonner une autre boule de pâte. Tu devrais obtenir environ 14 boules.

6 Dépose ces boules, les paillettes sur le dessus, sur la plaque à pâtisserie en les espaçant de 2 po (5 cm).

7 Fais cuire les biscuits au four environ 22 minutes ou jusqu'à ce que leur dessus soit ferme (pour le savoir, presse légèrement du bout du doigt) et que leur bordure soit légèrement dorée. Laisse les biscuits refroidir complètement avant de les retirer de la plaque à pâtisserie.

Donne environ 14 sablés.

Biscuits roulés au chocolat et à la menthe

Cette recette peut sembler longue à réaliser. En fait, il s'agit de préparer une seule pâte à biscuits, puis de la diviser en deux. Suis bien les étapes et tu n'auras aucun problème à réussir ces biscuits deux couleurs qui se donnent l'allure de sucettes.

Matériel

moule carré de 8 po (20 cm) de côté, 20 bâtonnets de bois

Mélange de beurre

1 tasse (250 ml) de beurre non salé, ramolli

1 tasse (250 ml) de sucre

1 gros oeuf

3 c. à table (45 ml) de sirop de maïs

1/2 c. à thé (2 ml) de bicarbonate de sodium

1/8 c. à thé (0,5 ml) de sel

farine (pour fariner)

Pâte à la menthe

1/2 tasse + 1/3 tasse (205 ml) de mélange de beurre (mélange précédent)

8 gouttes de colorant alimentaire vert

1 c. à thé (5 ml) d'essence de menthe

1 1/4 tasse (310 ml) de farine tout usage

Pâte au chocolat

reste du mélange de beurre

1 c. à thé (5 ml) d'essence de vanille

1/4 tasse (60 ml) de poudre de cacao non sucrée

1 2/3 tasse (410 ml) de farine tout usage

1 Tapisse un moule carré d'une pellicule de plastique, en laissant dépasser un très grand excédent. Tapisse une plaque à pâtisserie de papier parchemin.

2 Mélange de beurre. Dans un grand bol, dépose le beurre ramolli. Ajoute le sucre et, à l'aide d'une spatule ou d'une cuillère de bois, mélange jusqu'à consistance de crème épaisse. Ajoute l'oeuf, le sirop de maïs, le bicarbonate de sodium et le sel. Mélange bien.

3 Pâte à la menthe. Verse 1/2 tasse + 1/3 tasse (205 ml) du mélange de beurre dans un grand bol. Ajoute une goutte de colorant alimentaire vert pour pouvoir bien différencier ce mélange du reste du mélange de beurre (c'est important de ne pas confondre les deux mélanges de beurre, car ils ne contiennent pas la même quantité). Mets de côté ce bol.

4 Pâte au chocolat. Dans le bol contenant le reste du mélange de beurre (celui sans colorant), ajoute l'essence de vanille et la poudre de cacao. Mélange bien. Incorpore petit à petit 1 2/3 tasse (410 ml) de farine au mélange de beurre. Lorsque la pâte devient trop ferme, pétris-la avec tes mains dans le bol, jusqu'à ce qu'elle forme une boule molle. Si la pâte est trop collante, ajoute 1 c. à thé (5 ml) de farine en la pétrissant.

Biscuits roulés au chocolat et à la menthe

5   Avec tes mains, laisse tomber de grosses portions de pâte au chocolat dans le moule carré et presse pour que la pâte forme une mince couche et qu'elle couvre complètement le fond du moule. Au besoin, farine tes mains. Réfrigère la pâte 10 minutes (pas plus, car elle deviendrait trop ferme pour être roulée). Lave tes mains.

6   Pendant que la pâte au chocolat refroidit, finis de préparer la pâte à la menthe. Ajoute l'essence de menthe et sept gouttes de colorant alimentaire vert au mélange de beurre. Mélange bien pour obtenir une pâte d'un vert brillant. Incorpore petit à petit 1 1/4 tasse (310 ml) de farine au mélange de beurre. Lorsque la pâte devient trop ferme, pétris-la avec tes mains dans le bol, jusqu'à ce qu'elle forme une boule molle. (Au début, la pâte peut sembler grumeleuse, mais elle ramollira en la pétrissant.)

7   Avec tes mains, laisse tomber de grosses portions de pâte à la menthe sur la pâte au chocolat refroidie et presse pour que la pâte au chocolat soit complètement couverte de la pâte verte. Au besoin, farine tes mains. Lave-les.

8   Pour retirer la pâte du moule, soulève la pellicule de plastique, puis place la pâte sur une surface de travail en laissant la pellicule de plastique dessous. Pour que la pâte soit facile à rouler, aplatis-la d'un côté, sur une largeur d'environ 2 po (5 cm) jusqu'à 1/4 po (5 mm) d'épaisseur. Place la pâte, le côté aplati, vers toi. Soulève la pellicule de plastique pour t'aider, puis roule la pâte pour obtenir un rouleau bien serré. Rabats les extrémités à l'in-térieur du rouleau. Enveloppe le rouleau de pâte dans la pellicule de plastique. Si le rouleau est trop gros à certains endroits, roule-le à quelques reprises pour l'égaliser. Le rouleau devrait avoir un diamètre de 2 1/2 po (6 cm). Réfrigère le rouleau de pâte 30 minutes.

9   Préchauffe le four à 350°F (180°C).

10 Sors le rouleau de pâte du réfrigérateur et enlève la pellicule de plastique. Avec un couteau de table, coupe-le en tranches de 1/2 po (1 cm) d'épaisseur. Les plus grands peuvent utiliser un couteau plus coupant. Si la pâte est difficile à couper, laisse-la reposer un peu à la température ambiante. Dépose les biscuits sur la plaque à pâtisserie en les espaçant d'au moins 3 po (8 cm). Prépare 20 biscuits.

11 Insère un bâtonnet de bois dans chaque biscuit pour donner l'illusion d'une sucette. Redonne une forme arrondie aux biscuits déformés.

12 Fais cuire les biscuits au four environ 16 minutes ou jusqu'à ce qu'ils aient perdu leur brillant sur le dessus, que leur bordure soit ferme, mais que la pâte soit encore verte (si les biscuits cuisent trop longtemps, la pâte verte deviendra dorée). Les biscuits peuvent être un peu mous au centre ; ils deviendront plus fermes en refroidissant. Laisse les biscuits refroidir complètement avant de les retirer de la plaque à pâtisserie.

Donne 20 biscuits.

Bonshommes
en pain d'épice

Parfaits pour le temps des fêtes, ces bonshommes sont aussi très faciles à décorer.
On utilise le glaçage à biscuits (page 69) pour le corps, de petits bonbons pour les yeux
et les boutons et du colorant alimentaire pour la bouche.

Matériel

emporte-pièce en forme de bonhomme de 3 po (8 cm)

Ingrédients

2 tasses (500 ml) de farine tout usage

1 c. à thé (5 ml) de cannelle

1/2 c. à thé (2 ml) de bicarbonate de sodium

1/2 c. à thé (2 ml) de gingembre moulu

1/4 c. à thé (1 ml) de muscade

1/8 c. à thé (0,5 ml) de piment de la Jamaïque
   ou de clou de girofle moulu

1/8 c. à thé (0,5 ml) de sel

1/3 tasse (80 ml) de beurre non salé, ramolli

1/4 tasse (60 ml) de mélasse

1 gros jaune d'oeuf

2 c. à table (30 ml) de cassonade, tassée

2 c. à table (30 ml) de sucre

1 c. à table (15 ml) de lait

1 c. à thé (5 ml) de sirop de maïs

farine (pour saupoudrer)

glaçage à biscuits (recette page 69)

dragées ou bonbons (pour les yeux et les boutons)

colorant alimentaire rouge (pour la bouche)

1 Découpe deux feuilles de papier parchemin de la grandeur d'une plaque à pâtisserie et places-en une sur la plaque.

2 Dans un bol, mélange la farine, la cannelle, le bicarbonate de sodium, le gingembre, la muscade, le piment de la Jamaïque ou le clou de girofle et le sel.

3 Dans un autre bol, à l'aide d'une spatule ou d'une cuillère de bois, mélange bien le beurre ramolli, la mélasse, le jaune d'oeuf, la cassonade, le sucre, le lait et le sirop de maïs.

4 Incorpore petit à petit les ingrédients secs au mélange de beurre. Lorsque la pâte devient trop difficile à brasser, incorpore le reste des ingrédients secs, puis pétris-la avec tes mains dans le bol, jusqu'à ce qu'elle soit molle.

5 Saupoudre un peu de farine sur la plaque à pâtisserie tapissée de papier parchemin. Farine tes mains et dépose la pâte sur la plaque. Aplatis délicatement la pâte jusqu'à environ 1 po (2,5 cm) d'épaisseur de manière à former une plaque de pâte. Réfrigère la pâte 20 minutes.

6 Préchauffe le four à 350°F (180°C).

7 Glisse la pâte refroidie (avec le papier parchemin) sur une surface de travail et saupoudre-la d'un peu de farine. Couvre-la de la deuxième feuille de papier parchemin. À l'aide d'un rouleau à pâtisserie, abaisse

la pâte à 1/4 po (5 mm) d'épaisseur. Soulève le papier parchemin du dessus pour vérifier que la pâte ne colle pas. Si elle colle, saupoudre-la d'un peu de farine avant de l'abaisser de nouveau. Enlève le papier parchemin du dessus. À l'aide d'un emporte-pièce de 3 po (8 cm), découpe des bonshommes dans la pâte.

8　Place le papier parchemin du dessus, le côté propre vers le haut, sur la plaque à pâtisserie. Dépose les biscuits sur la plaque en les espaçant d'au moins 2 po (5 cm). Réfrigère-les environ 10 minutes.

9　Fais cuire les biscuits au four environ 10 minutes ou jusqu'à ce qu'ils aient perdu leur brillant sur le dessus. Laisse les biscuits refroidir complètement avant de les retirer de la plaque à pâtisserie. Les biscuits durciront en refroidissant. Rassemble les retailles, fais-en une boule, aplatis-la, puis abaisse-la avec le rouleau à pâtisserie. Découpe d'autres biscuits, réfrigère-les, puis fais-les cuire. Poursuis jusqu'à ce qu'il ne reste plus de retailles.

10　Prépare du glaçage à biscuits (recette à la page 69).

11　Quand les biscuits sont bien refroidis, étends le glaçage avec un petit pinceau. Ajoute des dragées ou des bonbons pour les yeux et les boutons. Laisse durcir le glaçage avant de dessiner une bouche à l'aide d'un cure-dent trempé dans du colorant alimentaire rouge. Laisse sécher.

Donne environ 18 bonshommes en pain d'épice.

Biscuits étagés à la vanille et au chocolat (pages 80 et 79), glaçage et garnitures à biscuits (pages 69 et 81)

Biscuits étagés au chocolat

Cette pâte est idéale pour être découpée à l'emporte-pièce, car elle se tient bien.
Ces biscuits se laissent déguster nature ou étagés avec une garniture au centre
(voir les garnitures à biscuits à la page 81).

Matériel

emporte-pièce de 2 po (5 cm)

Ingrédients

3/4 tasse + 1 c. à table (195 ml) de farine tout usage

2 c. à table (30 ml) de poudre de cacao non sucrée

1/4 c. à thé (1 ml) de bicarbonate de sodium

1/3 tasse (80 ml) de beurre non salé, ramolli

1/4 tasse (60 ml) de sucre

1 gros jaune d'oeuf

1/2 c. à table (7 ml) de sirop de maïs

1/4 c. à thé (1 ml) d'essence de vanille

farine (pour saupoudrer)

1 Découpe deux feuilles de papier parchemin de la grandeur d'une plaque à pâtisserie et places-en une sur la plaque.

2 Dans un bol, mélange la farine, la poudre de cacao et le bicarbonate de sodium. Mets de côté ces ingrédients secs.

3 Dans un autre bol, dépose le beurre ramolli. Ajoute le sucre et, à l'aide d'une spatule ou d'une cuillère de bois, mélange jusqu'à consistance de crème épaisse. Ajoute le jaune d'oeuf, le sirop de maïs et l'essence de vanille, et mélange jusqu'à consistance lisse.

4 Incorpore petit à petit les ingrédients secs au mélange de beurre. Lorsque la pâte devient trop difficile à brasser, incorpore le reste des ingrédients secs, puis pétris la pâte avec tes mains dans le bol, jusqu'à ce qu'elle soit molle.

5 Saupoudre un peu de farine sur la plaque à pâtisserie tapissée de papier parchemin. Farine tes mains et dépose la pâte sur la plaque. Aplatis délicatement la pâte jusqu'à environ 1 po (2,5 cm) d'épaisseur de manière à former une plaque de pâte. Réfrigère la pâte 20 minutes.

6 Préchauffe le four à 350°F (180°C).

7 Glisse la pâte refroidie (avec le papier parchemin) sur une surface de travail et saupoudre-la d'un peu de farine. Couvre-la de la deuxième feuille de papier parchemin. À l'aide d'un rouleau à pâtisserie, abaisse la pâte à 1/4 po (5 mm) d'épaisseur. Soulève le papier parchemin du dessus pour vérifier que la pâte ne colle pas. Si elle colle, saupoudre-la d'un peu de farine avant de l'abaisser de nouveau. Enlève le papier parchemin du dessus. À l'aide d'un emporte-pièce de 2 po (5 cm), découpe des cercles (ou d'autres formes de ton choix) dans la pâte.

8 Place le papier parchemin du dessus, le côté propre vers le haut, sur la plaque à pâtisserie. Dépose les biscuits sur la plaque en les espaçant d'au moins 2 po (5 cm). Réfrigère-les environ 10 minutes.

9 Fais cuire les biscuits au four de 12 à 14 minutes ou jusqu'à ce qu'ils aient perdu leur brillant sur le dessus. Laisse les biscuits refroidir complètement avant de les retirer de la plaque à pâtisserie. Rassemble les retailles, fais-en une boule, aplatis-la, puis abaisse-la avec le rouleau à pâtisserie. Découpe d'autres biscuits, réfrigère-les, puis fais-les cuire. Poursuis jusqu'à ce qu'il ne reste plus de retailles.

Donne environ 24 biscuits.

Biscuits étagés à la vanille

Ces petits biscuits sont parfaits pour être glacés (voir le glaçage à biscuits à la page 69) ou étagés et garnis au centre (voir les garnitures à biscuits à la page 81).

Matériel

emporte-pièce de 1 1/2 po (4 cm)

Ingrédients

3/4 tasse (180 ml) de farine tout usage

1/4 tasse (60 ml) de beurre non salé, ramolli

1 c. à table (15 ml) de fromage à la crème, ramolli

1/4 tasse (60 ml) de sucre

1 jaune d'oeuf

1/2 c. à thé (2 ml) d'essence de vanille

farine (pour saupoudrer)

1 Découpe deux feuilles de papier parchemin de la grandeur d'une plaque à pâtisserie et places-en une sur la plaque.

2 Dans un bol, à l'aide d'un tamis, tamise la farine. Mets de côté ce bol.

3 Dans un autre bol, dépose le beurre et le fromage ramollis. Ajoute le sucre et, à l'aide d'une spatule ou d'une cuillère de bois, mélange jusqu'à consistance homogène. Ajoute le jaune d'oeuf et l'essence de vanille. Mélange bien.

4 Incorpore petit à petit la farine au mélange de beurre. Lorsque la pâte devient trop difficile à brasser, incorpore le reste de la farine, puis pétris la pâte avec tes mains dans le bol, jusqu'à ce qu'elle soit molle.

5 Saupoudre un peu de farine sur la plaque à pâtisserie tapissée de papier parchemin. Farine tes mains et dépose la pâte sur la plaque. Aplatis délicatement la pâte jusqu'à environ 1 po (2,5 cm) d'épaisseur de manière à former une plaque de pâte. Réfrigère la pâte 20 minutes.

6 Préchauffe le four à 350°F (180°C).

7 Glisse la pâte refroidie (avec le papier parchemin) sur une surface de travail et saupoudre-la d'un peu de farine. Couvre-la de la deuxième feuille de papier parchemin. À l'aide d'un rouleau à pâtisserie, abaisse la pâte à 1/4 po (5 mm) d'épaisseur. Soulève le papier parchemin du dessus pour vérifier que la pâte ne colle pas. Si elle colle, saupoudre-la d'un peu de farine avant de l'abaisser de nouveau. Enlève le papier parchemin du dessus. À l'aide d'un emporte-pièce de 1 1/2 po (4 cm), découpe des cercles (ou d'autres formes de ton choix) dans la pâte.

8 Place le papier parchemin du dessus, le côté propre vers le haut, sur la plaque à pâtisserie. Dépose les biscuits sur la plaque en les espaçant d'au moins 2 po (5 cm). Réfrigère-les environ 10 minutes.

9 Fais cuire les biscuits au four de 10 à 12 minutes ou jusqu'à ce qu'ils aient perdu leur brillant sur le dessus. Laisse les biscuits refroidir complètement avant de les retirer de la plaque à pâtisserie. Rassemble les retailles, fais-en une boule, aplatis-la, puis abaisse-la avec le rouleau à pâtisserie. Découpe d'autres biscuits, réfrigère-les, puis fais-les cuire. Poursuis jusqu'à ce qu'il ne reste plus de retailles.

Donne environ 24 biscuits.

Garnitures à biscuits

Chaque recette donne une quantité suffisante pour garnir 12 biscuits étagés.

Garniture à la noix de coco

1/2 tasse (125 ml) de flocons de noix de coco sucrés

1/3 tasse (80 ml) de lait concentré sucré

2 c. à thé (10 ml) de sucre en poudre

Dans un petit bol, mélange tous les ingrédients. Étends une fine couche de garniture sur 12 biscuits à la vanille ou au chocolat. Couvre de 12 autres biscuits, en pressant délicatement.

Garniture au chocolat au lait

2/3 tasse (160 ml) de sucre en poudre

1/3 tasse (80 ml) de lait concentré sucré

1 c. à table (15 ml) de beurre non salé, ramolli

1 c. à table (15 ml) de poudre de cacao non sucrée

1/4 c. à thé (1 ml) d'essence de vanille

Dans un petit bol, mélange tous les ingrédients. Étends une fine couche de garniture sur 12 biscuits à la vanille ou au chocolat. Couvre de 12 autres biscuits, en pressant délicatement.

Garniture au caramel

2/3 tasse (160 ml) de cassonade, tassée

1/4 tasse (60 ml) de lait concentré sucré

1 c. à table (15 ml) de beurre non salé, ramolli

1 c. à table (15 ml) de sirop de maïs

1/2 c. à thé (2 ml) d'essence de vanille

Dans un bol, à l'aide d'une spatule, mélange tous les ingrédients jusqu'à consistance lisse. Chauffe la préparation au micro-ondes à intensité moyenne (50 %) 2 minutes. Brasse avec la spatule. Remets la préparation au micro-ondes et chauffe à intensité moyenne (50 %) environ 1 minute ou jusqu'à ce que la cassonade ait fondu et que la préparation soit bouillonnante et épaisse. Brasse la préparation. Laisse tiédir la garniture avant de garnir les biscuits. Étends la garniture sur 12 biscuits avec un couteau de table ou une petite spatule en métal. Couvre de 12 autres biscuits, en pressant délicatement.

Biscuits au beurre d'arachides et à la confiture

Ces biscuits ont l'air de mini-tranches de pain tartinées de confiture. Pour les faire, il faut utiliser du beurre d'arachides pur, c'est-à-dire qui ne contient rien d'autre que des arachides.

Matériel

moule à pain miniature de 6 po x 3 po (15 cm x 8 cm)

Ingrédients

1/2 tasse (125 ml) de beurre d'arachides crémeux
   (à base d'arachides seulement)

1/4 tasse (60 ml) de beurre non salé, ramolli

1 gros oeuf

1 c. à table (15 ml) de sirop de maïs

1 1/4 tasse (310 ml) de farine tout usage

1 tasse (250 ml) de sucre en poudre

1/4 c. à thé (1 ml) de bicarbonate de sodium

pincée de sel

environ 3 c. à table (45 ml) de confiture de framboises
   ou de fraises

1   Tapisse un moule à pain d'une pellicule de plastique, en laissant dépasser un très grand excédent. Tapisse une plaque à pâtisserie de papier parchemin.

2   Dans un bol, dépose le beurre d'arachides et le beurre ramolli, et, à l'aide d'une spatule ou d'une cuillère de bois, mélange jusqu'à consistance homogène. Ajoute l'oeuf et le sirop de maïs. Mélange bien.

3   Dans un autre bol, mélange la farine, le sucre en poudre, le bicarbonate de sodium et le sel. Incorpore petit à petit les ingrédients secs au mélange de beurre d'arachides. Lorsque la pâte devient trop difficile à brasser, incorpore le reste des ingrédients secs, puis pétris la pâte avec tes mains dans le bol.

4   Presse fermement la pâte dans le moule à pain. Réfrigère-la au moins 30 minutes.

5   Pour démouler la pâte, soulève la pellicule de plastique (la pâte aura la forme d'un pain). À l'aide d'un couteau de table, coupe ce pain en deux sur toute sa longueur. Tu obtiendras deux pains très minces et longs. Coupe chacun d'eux en tranches de 1/4 po (5 mm) d'épaisseur. Ne t'en fais pas si la pâte s'effrite en la coupant, remets simplement les miettes en place.

6   Laisse les tranches de biscuits telles quelles ou façonne-les de manière à leur donner l'apparence de petites tranches de pain. Pour les façonner, dépose les biscuits sur la plaque à pâtisserie en les espaçant d'environ 2 po (5 cm). Arrondis les coins supérieurs des biscuits et fais des entailles dans le tiers supérieur pour imiter la forme de tranches de pain.

7   Préchauffe le four à 325°F (160°C).

8   Étends une couche épaisse de confiture sur chaque biscuit. Réfrigère les biscuits 10 minutes.

9   Fais cuire les biscuits au four de 15 à 17 minutes ou jusqu'à ce que leur bordure soit dorée. Laisse les biscuits refroidir complètement avant de les retirer de la plaque à pâtisserie.

Donne environ 28 biscuits.

Biscuits au beurre d'arachides et à la confiture

Biscuits arc-en-ciel

On peut confectionner ces biscuits sans colorer la pâte, mais c'est drôle de rouler ensemble des pâtes de couleurs différentes. On peut aussi les glacer (voir les glaçages à gâteau aux pages 91 et 92) et les décorer de paillettes.

Matériel

emporte-pièce de 2 po (5 cm)

Ingrédients (recette simple)

1 1/3 tasse (330 ml) de farine tout usage

1/2 c. à thé (2 ml) de poudre à pâte

pincée de sel

1/4 tasse (60 ml) de beurre non salé, ramolli

1/2 tasse (125 ml) de sucre

1 gros oeuf

1 1/2 c. à thé (7 ml) de lait

1/4 c. à thé (1 ml) d'essence de vanille

2 colorants alimentaires de couleurs différentes

farine (pour saupoudrer)

1 Découpe deux feuilles de papier parchemin de la grandeur d'une plaque à pâtisserie et places-en une sur la plaque.

2 Dans un bol, à l'aide d'un tamis, tamise la farine, la poudre à pâte et le sel. Mélange.

3 Dans un autre bol, dépose le beurre ramolli. Ajoute le sucre et mélange jusqu'à consistance de crème épaisse. Ajoute l'oeuf, le lait et l'essence de vanille. Mélange. Ajoute les ingrédients secs au mélange de beurre et brasse jusqu'à ce que la préparation forme une pâte molle.

4 Divise la pâte en trois portions égales et dépose chaque portion dans un bol. Colore deux portions en leur ajoutant quelques gouttes de colorants alimentaires de couleurs différentes. Laisse la troisième portion sans couleur.

5 Saupoudre un peu de farine sur la plaque à pâtisserie tapissée de papier parchemin. En prenant de petites quantités de pâte, de la grosseur d'une noix de Grenoble, laisse tomber au hasard les pâtes de couleur et la pâte naturelle sur la plaque à pâtisserie. Farine tes mains et aplatis délicatement les pâtes jusqu'à environ 1 po (2,5 cm) d'épaisseur en ne laissant aucun espace vide de manière à former une seule plaque de pâte. Réfrigère la pâte 30 minutes.

6 Préchauffe le four à 350°F (180°C).

7 Glisse la pâte refroidie (avec le papier parchemin) sur une surface de travail et saupoudre-la d'un peu de farine. Couvre-la de la deuxième feuille de papier parchemin. À l'aide d'un rouleau à pâtisserie, abaisse la pâte à 1/4 po (5 mm) d'épaisseur. Soulève le papier parchemin du dessus pour vérifier que la pâte ne colle pas. Si elle colle, saupoudre-la d'un peu de farine avant de l'abaisser de nouveau. Enlève le papier parchemin du dessus. À l'aide d'un emporte-pièce de 2 po (5 cm), découpe des étoiles (ou d'autres formes de ton choix) dans la pâte. Rassemble les retailles, fais-en une boule (si la pâte est trop molle, réfrigère-la), aplatis-la, puis abaisse-la avec le rouleau à pâtisserie. Découpe d'autres biscuits. Poursuis jusqu'à ce qu'il ne reste plus de retailles.

8 Place le papier parchemin du dessus, le côté propre vers le haut, sur la plaque à pâtisserie. Dépose les biscuits sur la plaque en les espaçant d'au moins 2 po (5 cm). Fais cuire les biscuits au four de 13 à 15 minutes ou jusqu'à ce qu'ils aient perdu leur brillant. Laisse les biscuits refroidir complètement avant de les retirer de la plaque à pâtisserie.

Donne environ 24 biscuits.

Biscuits arc-en-ciel (recette double)

Ces petits biscuits sont tellement parfaits pour les partys et le temps des fêtes que ça vaut la peine d'en préparer deux fois plus... Voici la liste d'ingrédients pour doubler la recette. On prépare les biscuits exactement de la même façon que dans la recette simple (page 84).

Ingrédients

2 2/3 tasse (660 ml) de farine tout usage

1 c. à thé (5 ml) de poudre à pâte

pincée de sel

1/2 tasse (125 ml) de beurre non salé, ramolli

1 tasse (250 ml) de sucre

2 gros oeufs

1 c. à table (15 ml) de lait

1/2 c. à thé (2 ml) d'essence de vanille

2 colorants alimentaires de couleurs différentes

farine (pour saupoudrer)

Donne environ 48 biscuits.

4

Gâteaux

Gâteau blanc classique à la vanille 88

Gâteau Boston, glaçage fondant au chocolat 89

Glaçages à gâteau 91

Comment glacer un gâteau 93

Gâteau au chocolat super facile, glaçage
au lait concentré et au chocolat 95

Petits gâteaux à la vanille, glaçage
à petits gâteaux 97

Gâteau carré au chocolat, glaçage crémeux
au chocolat 100

Petits gâteaux meuh-meuh 102

Pain au citron, glaçage au citron 104

Gâteau à la vanille ultraléger 106

Petits gâteaux moelleux au chocolat
et aux guimauves 107

Petits gâteaux-poudings au citron 109

Gâteau aux pêches 110

Gâteau aux pommes et à la cannelle,
glaçage à la cassonade 112

Gâteau au chocolat à trois étages, glaçage
fondant au chocolat 114

Assemblage d'un gâteau à trois étages 116

Gâteau au chocolat blanc à trois étages,
glaçage au chocolat blanc 117

Truffes moelleuses au gâteau 119

Gâteau blanc classique à la vanille

Ce gâteau se prépare en deux formats différents, mais en suivant une seule méthode.
Il suffit de choisir les ingrédients selon le format désiré.

Matériel

ramequin rond de 6 po (15 cm) de diamètre ou moule
à gâteau rond en métal de 8 po (20 cm) de diamètre

Petit gâteau de 6 po (15 cm) de diamètre

3/4 tasse (180 ml) de farine tout usage

1 1/2 c. à thé (7 ml) de poudre à pâte

pincée de sel

1/4 tasse (60 ml) de beurre non salé, ramolli

1/2 tasse (125 ml) de sucre

1 gros oeuf

1/2 c. à thé (2 ml) d'essence de vanille

1/2 tasse (125 ml) de lait

OU

Gâteau de 8 po (20 cm) de diamètre

1 tasse + 1 c. à table (265 ml) de farine tout usage

2 c. à thé (10 ml) de poudre à pâte

pincée de sel

1/3 tasse (80 ml) de beurre non salé, ramolli

3/4 tasse (180 ml) de sucre

1 gros oeuf

1 c. à thé (5 ml) d'essence de vanille

2/3 tasse (160 ml) de lait

1 Préchauffe le four à 350°F (180°C).

2 Graisse et farine la paroi d'un ramequin ou d'un moule à gâteau. Tapisse le fond d'une rondelle de papier parchemin ou de papier ciré.

3 Dans un bol, à l'aide d'un tamis, tamise la farine, la poudre à pâte et le sel. Mélange.

4 Dans un autre bol, dépose le beurre ramolli. Ajoute le sucre et, à l'aide d'une spatule ou d'une cuillère de bois, mélange jusqu'à consistance de crème épaisse. Ajoute l'oeuf et l'essence de vanille. Mélange.

5 À l'aide d'un fouet, incorpore petit à petit le lait au mélange de beurre. Ajoute ensuite les ingrédients secs, quelques cuillerées à la fois, et mélange jusqu'à ce que la pâte soit lisse.

6 À l'aide de la spatule, étend la pâte uniformément dans le ramequin ou le moule à gâteau. Fais cuire le gâteau au four de 35 à 40 minutes (pour le gâteau de 6 po/15 cm) et de 40 à 45 minutes (pour le gâteau de 8 po/20 cm) ou jusqu'à ce que le dessus soit doré et qu'un cure-dent inséré au centre en ressorte sec. Laisse-le refroidir complètement.

7 Pour démouler le gâteau, passe deux fois un couteau de table entre le moule et le gâteau pour détacher le gâteau. Demande de l'aide pour le sortir du moule. Enlève le papier parchemin ou le papier ciré, si désiré. (Le gâteau glissera plus facilement d'une grille à une assiette si tu laisses le papier.) Dépose le gâteau, prêt à être glacé, dans une assiette. Utilise le glaçage blanc super facile de la page 91.

Donne 1 gâteau.

Gâteau Boston, glaçage fondant au chocolat

Le glaçage fondant au chocolat transforme le gâteau blanc classique à la vanille (page 88) en un délice. Cette recette convient pour un petit gâteau de 6 po (15 cm).

Ingrédients

1 tasse (250 ml) de sucre en poudre

2 c. à table (30 ml) de poudre de cacao non sucrée

pincée de sel

2 c. à table (30 ml) d'eau

1 c. à table (15 ml) de beurre non salé

1/4 c. à thé (1 ml) d'essence de vanille

1 petit gâteau blanc classique à la vanille de 6 po/15 cm de diamètre (recette page 88)

1/2 tasse (125 ml) de pouding à la vanille ou de crème pâtissière (du commerce)

1 Dans un bol, à l'aide d'un tamis, tamise le sucre en poudre, la poudre de cacao et le sel. Mélange.

2 Dans un bol, chauffe l'eau et le beurre au micro-ondes à intensité moyenne (50 %) environ 30 secondes ou jusqu'à ce que le beurre ait fondu. Mélange. Incorpore l'essence de vanille. Verse cette préparation sur les ingrédients secs et, à l'aide d'une spatule, mélange jusqu'à ce que le glaçage au chocolat soit lisse.

3 Demande de l'aide pour couper le gâteau en deux horizontalement. Enlève le papier parchemin ou le papier ciré, si désiré. (Le gâteau glissera plus facilement d'une grille à une assiette si tu laisses le papier.)

4 Dépose la partie inférieure du gâteau sur une grille. Étends le pouding à la vanille ou la crème pâtissière sur le dessus avec un couteau de table. Couvre de la partie supérieure du gâteau. À l'aide d'une cuillère, verse le glaçage au chocolat sur le dessus du gâteau et laisse-le couler sur les côtés. Laisse durcir le glaçage au chocolat avant de glisser le gâteau dans une assiette. Réfrigère le gâteau avant de le couper.

Donne 1 gâteau.

Gâteau Boston, glaçage
fondant au chocolat
(page 89)

Gâteau blanc classique à la vanille
(page 88)

Glaçages à gâteau

Toutes ces recettes donnent suffisamment de glaçage pour un gâteau à deux étages (avec glaçage au centre) de 6 po (15 cm) ou pour un gâteau rond ou carré à un étage de 8 po (20 cm) (sans glaçage au centre). À essayer également le glaçage crémeux au chocolat de la page 101.

Glaçage blanc super facile

La crème fouettée rend ce glaçage vraiment facile à préparer et légèrement plus épais que le glaçage à petits gâteaux de la page 98. On peut le teindre d'une jolie couleur pastel.

Matériel

batteur à oeufs

Ingrédients

2 tasses (500 ml) de sucre en poudre

3/4 tasse (180 ml) de crème à 35 %

pincée de sel

goutte d'essence de vanille

goutte de colorant alimentaire, si désiré

Dans un bol, à l'aide d'un tamis, tamise le sucre en poudre. Mets de côté ce bol.

Dans un petit bol, verse la crème. Ajoute le sel et, à l'aide d'un batteur à oeufs, fouette jusqu'à ce que la crème ait gonflé. À l'aide d'une spatule, verse la crème fouettée dans un grand bol. À l'aide d'un fouet, incorpore le sucre en poudre, quelques cuillerées à la fois, jusqu'à ce que le glaçage soit lisse. Ajoute l'essence de vanille et le colorant alimentaire, si désiré. Mélange. Au besoin, ajoute une cuillerée de sucre en poudre pour épaissir le glaçage ou quelques gouttes de crème pour l'éclaircir.

Glaçage au chocolat super facile

La poudre de cacao donne une incomparable saveur chocolatée à la crème fouettée.

Matériel

batteur à oeufs

Ingrédients

2 tasses (500 ml) de sucre en poudre

1 c. à table (15 ml) de poudre de cacao non sucrée

3/4 tasse (180 ml) de crème à 35 %

pincée de sel

goutte d'essence de vanille

Dans un bol, à l'aide d'un tamis, tamise le sucre en poudre et la poudre de cacao. Mélange. Mets de côté ce bol.

Dans un petit bol, verse la crème. Ajoute le sel et, à l'aide d'un batteur à oeufs, fouette jusqu'à ce que la crème ait gonflé. À l'aide d'une spatule, verse la crème fouettée dans un grand bol. À l'aide d'un fouet, incorpore le mélange de sucre en poudre, quelques cuillerées à la fois, jusqu'à ce que le glaçage soit lisse. Ajoute l'essence de vanille et mélange. Au besoin, ajoute une cuillerée de sucre en poudre pour épaissir le glaçage ou quelques gouttes de crème pour l'éclaircir.

Glaçage crémeux au beurre

Plus le beurre sera mou, plus le glaçage sera lisse. Ce riche glaçage convient bien aux teintures de couleurs vives.

Ingrédients

2 1/2 tasses (625 ml) de sucre en poudre

1/4 tasse (60 ml) de beurre non salé, ramolli

1/4 tasse (60 ml) de lait ou de crème
   ou plus (pour éclaircir)

1 c. à thé (5 ml) d'essence de vanille
   ou d'un autre parfum

quelques gouttes de colorant alimentaire, si désiré

Dans un bol, à l'aide d'un tamis, tamise le sucre en poudre. Mets de côté ce bol.

Dans un autre bol, dépose le beurre ramolli. À l'aide d'une spatule ou d'une cuillère de bois, mélange le beurre jusqu'à ce qu'il devienne très mou. Incorpore petit à petit le sucre en poudre, quelques cuillerées à la fois. Ajoute le lait ou la crème et mélange. Incorpore le reste du sucre en poudre.

Ajoute l'essence de vanille ou un autre parfum et le colorant alimentaire, si désiré. Mélange. Au besoin, ajoute une cuillerée de sucre en poudre pour épaissir le glaçage ou quelques gouttes de lait ou de crème pour l'éclaircir.

Glaçage au chocolat noir

Ce glaçage reste assez mou et brillant.

Ingrédients

1 tasse (250 ml) de brisures de chocolat mi-sucré

1/3 tasse (80 ml) de crème sure

2 gouttes d'essence de vanille

Dans un bol, dépose les brisures de chocolat et chauffe-les au micro-ondes à intensité moyenne (50 %) 1 1/2 minute. À l'aide d'une spatule, brasse. Remets le bol au micro-ondes et chauffe à intensité moyenne (50 %) 1 minute ou jusqu'à ce que le chocolat ait fondu. Brasse. Ajoute la crème sure et l'essence de vanille, et brasse jusqu'à ce que le glaçage soit lisse.

Comment glacer un gâteau

1 Pour ne pas salir l'assiette à gâteau, découpe quatre bandes de papier parchemin ou de papier ciré de 2 po (5 cm) de largeur et un peu plus longues que le gâteau. Dépose le gâteau sur l'assiette, puis glisse les bandes de papier en partie sous tous les côtés du gâteau.

2 Pour faire un gâteau à deux étages avec glaçage au centre, il faut d'abord couper le gâteau en deux horizontalement. Cela se fait bien avec des petits gâteaux de 6 po (15 cm) de diamètre. Il n'est pas conseillé de le faire avec des gâteaux ronds ou carrés de 8 po (20 cm), car les étages sont plus grands et peuvent se briser au moment de les soulever.

Pour glacer le centre d'un gâteau à deux étages de 6 po (15 cm), demande de l'aide pour couper le gâteau en deux horizontalement. Dépose une grosse cuillerée de glaçage sur la partie inférieure du gâteau. Il vaut mieux mettre plus de glaçage que moins, pour éviter que des miettes de gâteau ne se retrouvent dans le glaçage quand on glace le gâteau. Utilise une petite spatule en métal pour étendre le glaçage uniformément jusqu'au bord du gâteau. Dépose ensuite la partie supérieure du gâteau sur le premier étage glacé.

3 Pour finir de glacer un gâteau à deux étages ou glacer un gâteau à un étage, dépose une grosse cuillerée de glaçage sur le dessus du gâteau. Étends le glaçage sur le dessus, puis sur les côtés du gâteau, en utilisant une petite spatule en métal. Rappelle-toi qu'il n'est pas nécessaire que ce soit parfait, de toute façon, c'est toujours bon. Les plus petits trouveront plus facile de glacer seulement le dessus du gâteau, et pas les côtés, ce qui est tout aussi joli.

4 Lorsque tu es satisfait du glaçage, décore le gâteau de paillettes ou de petits bonbons, à ton goût. Pour finir, enlève délicatement les bandes de papier que tu avais glissées sous le gâteau.

Gâteau au chocolat super facile

Gâteau au chocolat super facile

Ce superbe gâteau au chocolat sans beurre gonfle pendant la cuisson,
ce qui lui donne un sommet plutôt pointu.

Matériel

ramequin rond de 6 po (15 cm) de diamètre ou moule
à gâteau rond en métal de 8 po (20 cm) de diamètre

Petit gâteau de 6 po (15 cm) de diamètre

2/3 tasse (160 ml) de farine tout usage

1/3 tasse (80 ml) de poudre de cacao non sucrée

1/4 c. à thé (1 ml) de poudre à pâte

1/4 c. à thé (1 ml) de bicarbonate de sodium

pincée de sel

1 gros oeuf

1/2 tasse + 1 c. à table (140 ml) de sucre

2 c. à table (30 ml) d'huile végétale

1 c. à thé (5 ml) d'essence de vanille

2/3 tasse (160 ml) de lait

OU

Gâteau de 8 po (20 cm) de diamètre

1 tasse (250 ml) de farine tout usage

1/2 tasse (125 ml) de poudre de cacao non sucrée

1/2 c. à thé (2 ml) de poudre à pâte

1/4 c. à thé (1 ml) de bicarbonate de sodium

pincée de sel

1 gros oeuf

3/4 tasse (180 ml) de sucre

1/4 tasse (60 ml) d'huile végétale

2 c. à thé (10 ml) d'essence de vanille

3/4 tasse (180 ml) de lait

1   Préchauffe le four à 350°F (180°C).

2   Graisse et farine la paroi d'un ramequin ou d'un moule à gâteau. Tapisse le fond d'une rondelle de papier parchemin ou de papier ciré.

3   Dans un bol, à l'aide d'un tamis, tamise la farine, la poudre de cacao, la poudre à pâte, le bicarbonate de sodium et le sel. Mélange.

4   Dans un autre bol, à l'aide d'un fouet, mélange l'oeuf, le sucre, l'huile et l'essence de vanille jusqu'à consistance lisse.

5   À l'aide du fouet, ajoute les ingrédients secs, quelques cuillerées à la fois, en alternant avec le lait, et mélange jusqu'à ce que la pâte soit lisse.

6   À l'aide d'une spatule, étends la pâte dans le ramequin ou le moule à gâteau. Fais cuire le gâteau au four environ 45 minutes (pour le gâteau de 6 po/15 cm) et environ 50 minutes (pour le gâteau de 8 po/20 cm) ou jusqu'à ce qu'un cure-dent inséré au centre en ressorte sec. Laisse-le refroidir complètement.

7   Pour démouler le gâteau, passe deux fois un couteau de table entre le moule et le gâteau pour détacher le gâteau. Demande de l'aide pour le sortir du moule. Enlève le papier parchemin ou le papier ciré, si désiré. Dépose le gâteau sur une grille, le côté plat dessous, et glace-le. Utilise le glaçage au lait concentré et au chocolat de la page suivante, le glaçage fondant au chocolat de la page 89 ou un des glaçages à gâteau suggérés aux pages 91 et 92.

Donne 1 gâteau.

Glaçage au lait concentré et au chocolat

Ingrédients

1/2 tasse (125 ml) de sucre en poudre

1 c. à table (15 ml) de poudre de cacao non sucrée

1 c. à table (15 ml) de beurre non salé, ramolli

1/4 tasse (60 ml) de lait concentré sucré

1/4 c. à thé (1 ml) d'essence de vanille

quelques gouttes de lait (pour éclaircir)

Dans un bol, à l'aide d'un tamis, tamise le sucre en poudre et la poudre de cacao. Mélange.

Dans un autre bol, dépose le beurre ramolli. À l'aide d'une spatule ou d'une cuillère de bois, mélange le beurre jusqu'à ce qu'il ait une consistance de crème épaisse. Ajoute petit à petit le lait concentré et l'essence de vanille, et mélange jusqu'à consistance lisse. Ajoute le mélange de sucre en poudre, quelques cuillerées à la fois, et brasse jusqu'à ce que le glaçage soit lisse (ce mélange sera très épais). Au besoin, ajoute quelques gouttes de lait pour éclaircir le glaçage.

Mets une cuillerée de glaçage sur le dessus du gâteau et étends-le en le laissant couler sur les côtés.

Petits gâteaux à la vanille

Une fournée de neuf petits gâteaux, appelés aussi *cupcakes*,
qui seront parfaits pour la collation.

Matériel

neuf moules à muffins en métal, neuf moules
en papier

Ingrédients

1 tasse (250 ml) de farine tout usage

1 1/2 c. à thé (7 ml) de poudre à pâte

pincée de sel

1/3 tasse (80 ml) de beurre non salé, ramolli

3/4 tasse (180 ml) de sucre

1 gros oeuf

3/4 tasse (180 ml) de lait

1/2 c. à thé (2 ml) d'essence de vanille

1 Préchauffe le four à 350°F (180°C).

2 Tapisse neuf moules à muffins en métal de neuf
moules en papier.

3 Dans un bol, à l'aide d'un tamis, tamise la farine, la
poudre à pâte et le sel. Mélange.

4 Dans un autre bol, dépose le beurre ramolli. Ajoute
le sucre et, à l'aide d'une spatule ou d'une cuillère
de bois, mélange jusqu'à consistance de crème
épaisse. À l'aide d'un fouet, incorpore l'oeuf. Ajoute
petit à petit le lait et l'essence de vanille, puis les
ingrédients secs, quelques cuillerées à la fois, et
mélange jusqu'à ce que la pâte soit lisse.

5 À l'aide d'une cuillère à thé, répartis la pâte dans
les moules en les remplissant aux trois quarts. Fais
cuire les petits gâteaux au four environ 27 minutes
ou jusqu'à ce que le dessus soit doré et qu'il
reprenne sa forme après une légère pression du doigt
ou qu'un cure-dent inséré au centre en ressorte sec.
Laisse-les refroidir complètement avant de les couvrir
du glaçage à petits gâteaux de la page suivante
ou d'un des glaçages à gâteau présentés aux pages
91 et 92 (dans ce cas, il en restera).

Donne 9 petits gâteaux.

Glaçage à petits gâteaux

Ce glaçage à la texture légère permet de glacer généreusement les neuf petits gâteaux de la page précécente.

Matériel

batteur à oeufs

Ingrédients

1 1/3 tasse (330 ml) de sucre en poudre

1/2 tasse (125 ml) de crème à 35 %

pincée de sel

goutte d'essence de vanille

goutte de colorant alimentaire

Dans un bol, à l'aide d'un tamis, tamise le sucre en poudre. Mets de côté ce bol.

Dans un petit bol, à l'aide d'un batteur à oeufs, fouette la crème et le sel jusqu'à ce que la crème ait gonflé. À l'aide d'une spatule, verse la crème fouettée dans un grand bol. À l'aide d'un fouet, incorpore le sucre en poudre, quelques cuillerées à la fois, jusqu'à ce que le glaçage soit lisse et léger. Ajoute l'essence de vanille et le colorant alimentaire. Mélange. Au besoin, ajoute une cuillerée de sucre en poudre pour épaissir le glaçage ou quelques gouttes de crème pour l'éclaircir.

Petits gâteaux à la vanille (recette double)

Pour recevoir un plus grand nombre d'amis, cette recette donne 18 *cupcakes* à partager.

2 tasses (500 ml) de farine tout usage

1 c. à table (15 ml) de poudre à pâte

1/4 c. à thé (1 ml) de sel

2/3 tasse (160 ml) de beurre non salé, ramolli

1 1/2 tasse (375 ml) de sucre

2 gros oeufs

1 1/2 tasse (375 ml) de lait

1 c. à thé (5 ml) d'essence de vanille

Suis les instructions de la recette de la page précédente, mais tapisse 18 moules à muffins en métal de 18 moules en papier. Glace les petits gâteaux avec la recette double de glaçage à petits gâteaux présentée ci-dessous ou avec un des glaçages à gâteau des pages 91 et 92.

Glaçage à petits gâteaux (recette double)

Cette recette donne suffisamment de glaçage pour couvrir généreusement 18 petits gâteaux.

2 2/3 tasse (660 ml) de sucre en poudre

1 tasse (250 ml) de crème à 35 %

pincée de sel

quelques gouttes d'essence de vanille

1 ou 2 gouttes de colorant alimentaire

Suis les instructions du glaçage à petits gâteaux présenté ci-contre.

Gâteau carré au chocolat
(page 100)

Petits gâteaux à la vanille et petits gâteaux au chocolat (pages 97 et 100)

Gâteau carré au chocolat

Ce gâteau peut être préparé dans un moule carré de 8 po (20 cm) de côté ou dans 14 moules à muffins en métal tapissés de moules en papier pour donner de jolis petits gâteaux au chocolat. Les petits gâteaux devront cuire environ 27 minutes ou jusqu'à ce qu'un cure-dent inséré au centre en ressorte sec. On peut glacer le gâteau ou les petits gâteaux avec le glaçage de la page suivante ou un des glaçages présentés aux pages 91 et 92.

Matériel

moule carré de 8 po (20 cm) de côté

Ingrédients

1 1/4 tasse (310 ml) de farine tout usage

1/3 tasse (80 ml) de poudre de cacao non sucrée

1 1/2 c. à thé (7 ml) de bicarbonate de sodium

1/8 c. à thé (0,5 ml) de sel

1/2 tasse (125 ml) de beurre non salé, ramolli

1 tasse + 1 c. à table (265 ml) de sucre

1 gros oeuf

1 tasse (250 ml) de lait

1 c. à thé (5 ml) d'essence de vanille

1 c. à thé (5 ml) de vinaigre blanc

1 Préchauffe le four à 350°F (180°C).

2 Graisse un moule carré et tapisse-le de papier parchemin.

3 Dans un bol, à l'aide d'un tamis, tamise la farine, la poudre de cacao, le bicarbonate de sodium et le sel. Mélange.

4 Dans un autre bol, dépose le beurre ramolli. Ajoute le sucre et, à l'aide d'une spatule ou d'une cuillère de bois, mélange jusqu'à consistance de crème épaisse. À l'aide d'un fouet, incorpore l'oeuf, le lait et l'essence de vanille (n'ajoute pas le vinaigre tout de suite). Ne t'en fais pas s'il y a des grumeaux dans la préparation.

5 À l'aide du fouet, incorpore les ingrédients secs, quelques cuillerées à la fois. Lorsque la pâte est lisse, ajoute le vinaigre et mélange.

6 À l'aide d'une spatule, verse la pâte dans le moule carré et étends-la uniformément. Fais cuire le gâteau au four environ 35 minutes ou jusqu'à ce qu'un cure-dent inséré au centre en ressorte sec. Laisse le gâteau refroidir complètement.

7 Pour démouler le gâteau, passe deux fois un couteau de table le long des parois du moule qui ne sont pas tapissées de papier parchemin. En soulevant délicatement le papier parchemin, démoule le gâteau, puis enlève le papier parchemin. Tu peux aussi couper le gâteau en carrés directement dans le moule. Glace le gâteau avec le glaçage crémeux au chocolat de la page 101, si désiré.

Donne 1 gâteau.

Glaçage crémeux au chocolat

Un glaçage onctueux qui possède un goût de chocolat classique.

Ingrédients

2 1/2 tasses (625 ml) de sucre en poudre

1/4 tasse (60 ml) de crème à 35 %

2 carrés de 1 oz/28 g chacun de chocolat mi-sucré

1/3 tasse (80 ml) de crème à 35 %

pincée de sel

goutte d'essence de vanille

Dans un bol, à l'aide d'un tamis, tamise le sucre en poudre. Mets de côté ce bol.

Dans un petit bol, verse 1/4 tasse (60 ml) de crème. Ajoute les carrés de chocolat. Chauffe le tout au micro-ondes à intensité moyenne (50 %), en brassant à la mi-cuisson, de 2 à 3 minutes ou jusqu'à ce que le chocolat ait fondu. À l'aide d'une spatule, brasse de nouveau jusqu'à ce que la préparation soit lisse. Ajoute 1/3 tasse (80 ml) de crème, le sel et l'essence de vanille, et mélange jusqu'à consistance lisse. Verse la préparation dans un grand bol.

Ajoute petit à petit le sucre en poudre, quelques cuillerées à la fois, et brasse jusqu'à ce que le glaçage soit lisse. Au besoin, ajoute une cuillerée de sucre en poudre pour épaissir le glaçage ou quelques gouttes de crème pour l'éclaircir.

Petits gâteaux meuh-meuh

Ces irrésistibles petits gâteaux sont une variante des petits gâteaux à la vanille, auxquels on ajoute des traces de pâte au chocolat. C'est ce qui leur donne cet aspect deux tons à l'origine de leur nom.

Matériel

neuf moules à muffins en métal, neuf moules en papier

Ingrédients

1 tasse (250 ml) de farine tout usage

1 1/2 c. à thé (7 ml) de poudre à pâte

pincée de sel

1/3 tasse (80 ml) de beurre non salé, ramolli

3/4 tasse (180 ml) de sucre

1 gros oeuf

3/4 tasse (180 ml) de lait

1/2 c. à thé (2 ml) d'essence de vanille

2 c. à table (30 ml) de poudre de cacao non sucrée

1/2 c. à thé (2 ml) de vinaigre blanc

1 Préchauffe le four à 350°F (180°C).

2 Tapisse neuf moules à muffins en métal de moules en papier.

3 Dans un bol, à l'aide d'un tamis, tamise la farine, la poudre à pâte et le sel. Mélange.

4 Dans un autre bol, dépose le beurre ramolli. Ajoute le sucre et, à l'aide d'une spatule ou d'une cuillère de bois, mélange jusqu'à consistance de crème épaisse. À l'aide d'un fouet, incorpore l'oeuf, le lait et l'essence de vanille. Ajoute les ingrédients secs, quelques cuillerées à la fois, en brassant jusqu'à ce que la pâte soit lisse.

5 Verse 1 tasse (250 ml) de la pâte dans un bol. À l'aide du fouet, incorpore la poudre de cacao. Ajoute le vinaigre et mélange.

6 En utilisant une cuillère à thé pour la pâte à la vanille et une autre pour la pâte au chocolat, laisse d'abord tomber une cuillerée de pâte à la vanille et une cuillerée de pâte au chocolat côte à côte, puis une par-dessus l'autre, dans chacun des moules. Ne mélange pas les pâtes. Remplis les moules aux trois quarts.

7 Fais cuire les petits gâteaux au four environ 27 minutes ou jusqu'à ce que le dessus reprenne sa forme après une légère pression du doigt et qu'un cure-dent inséré au centre en ressorte sec. Laisse-les refroidir complètement avant de les glacer avec le glaçage à petits gâteaux de la page 98 ou avec un des glaçages à gâteau présentés aux pages 91 et 92 (dans ce cas, il en restera).

Donne 9 petits gâteaux.

Petits gâteaux meuh-meuh (page 102)

Pain au citron

Une petite douceur citronnée qui a à la fois le goût d'un gâteau et celui d'un pain au citron.
Pour obtenir assez de jus pour préparer le pain et le glaçage, il faut deux citrons.

Matériel

moule à pain de 8 po x 4 po (20 cm x 10 cm)

Pain au citron

1 1/4 tasse (310 ml) de farine tout usage

1 tasse (250 ml) de sucre

1 1/2 c. à thé (7 ml) de poudre à pâte

pincée de sel

1/2 tasse (125 ml) de beurre non salé,
   coupé en morceaux

1/3 tasse (80 ml) de jus de citron fraîchement pressé

2 gros oeufs

1/2 c. à thé (2 ml) d'essence de vanille

Glaçage au citron

1/2 tasse (125 ml) de sucre en poudre

1 c. à table (15 ml) de jus de citron fraîchement
   pressé

1 Préchauffe le four à 350°F (180°C).

2 Graisse un moule à pain et tapisse-le de papier
   parchemin.

3 Pain au citron. Dans un bol, à l'aide d'un tamis,
   tamise la farine, le sucre, la poudre à pâte et le sel.
   Mélange.

4 Dans un autre bol, fais fondre le beurre au micro-
   ondes à intensité moyenne (50 %) environ 2 minutes. Brasse le beurre fondu, puis laisse-le refroidir.

5 Demande de l'aide pour couper les citrons en deux.
   Presse les citrons avec un presse-agrumes. Enlève
   les pépins avec une cuillère et jette-les. Mesure
   1/3 tasse (80 ml) du jus de citron. À l'aide d'un
   fouet, ajoute le jus de citron au beurre refroidi.
   Ajoute les oeufs et l'essence de vanille. Mélange.

6 Verse la préparation de beurre sur les ingrédients
   secs et mélange avec le fouet.

7 À l'aide d'une spatule, verse la pâte dans le moule
   à pain. Fais cuire le pain au four de 40 à 45 minutes ou jusqu'à ce qu'il soit doré et qu'un cure-
   dent inséré au centre en ressorte sec. Laisse le
   pain refroidir complètement. En soulevant le papier
   parchemin, démoule le pain, puis enlève le papier
   parchemin. Dépose le pain sur une grille placée sur
   une assiette (pour récupérer le glaçage).

8 Glaçage au citron. Dans un bol, à l'aide d'un tamis,
   tamise le sucre en poudre. Mesure 1 c. à table
   (15 ml) du jus de citron. Verse le jus de citron sur le
   sucre en poudre et, à l'aide d'un fouet, mélange
   jusqu'à ce que le glaçage soit lisse. À l'aide d'une
   cuillère, verse le glaçage sur le pain en le laissant
   couler sur les côtés. Laisse durcir le glaçage avant
   de couper le pain en tranches.

Donne 1 pain.

Pain au citron (page 104)   Gâteau à la vanille ultraléger (page 106)

Gâteau à la vanille ultraléger

Ce gâteau est aussi léger qu'un gâteau des anges. Saupoudré de sucre en poudre et garni d'une crème de citron, il sera irrésistible. On peut aussi simplement le couvrir de crème fouettée et le garnir de petits fruits.

Matériel

ramequin rond de 6 po (15 cm) de diamètre (les moules à gâteaux ronds de 8 po/20 cm de diamètre ne sont pas conseillés), batteur à oeufs

Ingrédients

1/3 tasse (80 ml) de farine tout usage

3 c. à table (45 ml) de fécule de maïs

1 c. à thé (5 ml) de poudre à pâte

pincée de sel

2 gros oeufs

1/2 tasse (125 ml) de sucre

1/2 c. à thé (2 ml) d'essence de vanille

1/2 tasse (125 ml) de crème de citron (de type *lemon curd*) (du commerce)

1/2 c. à thé (2 ml) de sucre en poudre (pour saupoudrer)

1 Préchauffe le four à 350°F (180°C).

2 Graisse et farine la paroi d'un ramequin. Tapisse le fond d'une rondelle de papier parchemin ou de papier ciré.

3 Dans un bol, à l'aide d'un tamis, tamise la farine, la fécule de maïs, la poudre à pâte et le sel. Mélange. Mets de côté ce bol.

4 Dans un petit bol, à l'aide d'un batteur à oeufs, bats les oeufs avec le sucre et l'essence de vanille jusqu'à ce que le mélange soit jaune pâle, crémeux et épais. À l'aide d'une spatule, verse ce mélange dans un grand bol.

5 À l'aide d'un fouet, incorpore petit à petit les ingrédients secs au mélange d'oeufs (n'utilise pas le batteur à oeufs pour ne pas trop mélanger la pâte). À l'aide de la spatule, verse la pâte dans le ramequin.

6 Fais cuire le gâteau au four environ 35 minutes ou jusqu'à ce que le dessus soit doré et qu'un cure-dent inséré au centre en ressorte sec. Laisse le gâteau refroidir complètement.

7 Pour démouler le gâteau, passe deux fois un couteau de table entre le moule et le gâteau pour détacher le gâteau. Demande de l'aide pour le sortir du moule. Enlève le papier parchemin ou le papier ciré, si désiré. Demande de l'aide pour couper le gâteau en deux horizontalement. Dépose la partie inférieure du gâteau dans une assiette. Étends la crème de citron sur le dessus avec un couteau de table. Couvre de la partie supérieure du gâteau. Saupoudre un peu de sucre en poudre sur le gâteau.

Donne 1 gâteau.

Petits gâteaux moelleux au chocolat et aux guimauves

Le bon goût de ces petits gâteaux ressemble à celui des gourmandises qu'on prépare autour des feux de camp avec des biscuits Graham, des guimauves et du chocolat.

Matériel

quatre ramequins ronds de 3 1/2 po (9 cm) de diamètre

Petits gâteaux

4 grosses guimauves

1/4 tasse (60 ml) de beurre non salé,
  coupé en morceaux

1/3 tasse (80 ml) de cassonade, tassée

1/4 tasse (60 ml) de sucre

1 gros oeuf

1/2 c. à thé (2 ml) d'essence de vanille

1/3 tasse (80 ml) de farine tout usage

1/3 tasse (80 ml) de farine de blé entier

1/2 c. à thé (2 ml) de poudre à pâte

pincée de sel

Garniture fondante au chocolat

1/4 tasse (60 ml) d'eau

2 c. à table (30 ml) de cassonade, tassée

1 c. à table (15 ml) de poudre de cacao non sucrée

1 Mets les guimauves au congélateur.

2 Préchauffe le four à 350°F (180°C).

3 Graisse quatre ramequins.

4 Petits gâteaux. Dans un bol, fais fondre le beurre au micro-ondes à intensité moyenne (50 %) environ 1 minute. Mélange. À l'aide d'un fouet, incorpore la cassonade et le sucre. Laisse refroidir légèrement. Ajoute le reste des ingrédients (sauf ceux de la garniture) et mélange jusqu'à consistance lisse. À l'aide d'une cuillère, verse la pâte dans les ramequins en les remplissant aux deux tiers. Dépose une guimauve froide au centre de chaque petit gâteau.

5 Garniture fondante au chocolat. Dans un bol, chauffe l'eau, la cassonade et la poudre de cacao au micro-ondes à intensité moyenne (50 %) 1 minute ou jusqu'à ce que la préparation soit chaude. Brasse la garniture jusqu'à ce qu'elle soit lisse, puis verse-la sur les guimauves et la pâte à gâteau.

6 Dépose les ramequins sur une plaque à pâtisserie. Fais cuire les petits gâteaux au four 23 minutes ou jusqu'à ce qu'ils aient gonflé, que le chocolat soit bouillonnant et que les guimauves fondent dans le gâteau. Laisse-les tiédir. Ne les démoule pas. Ces petits gâteaux se dégustent directement dans leur ramequin.

Donne 4 petits gâteaux.

Petits gâteaux moelleux au chocolat et aux guimauves
(page 107)

Petits gâteaux-poudings au citron
(page 109)

Petits gâteaux-poudings au citron

Un « deux en un ». En creusant avec ta cuillère sous le gâteau tout léger, tu découvriras un pouding au citron fondant.

Matériel

quatre ramequins ronds de 3 1/2 po (9 cm) de diamètre, batteur à oeufs, plat allant au four ou rôtissoire assez grande pour contenir les ramequins

Ingrédients

2 c. à table (30 ml) de beurre non salé

2 c. à table (30 ml) de jus de citron fraîchement pressé (jus de 1 citron)

2 gros jaunes d'oeufs

1/4 tasse (60 ml) de sucre

2 c. à table (30 ml) de farine tout usage

1/2 tasse (125 ml) de lait

2 gros blancs d'oeufs

pincée de sel

1 Préchauffe le four à 325°F (160°C).

2 Graisse quatre ramequins.

3 Dans un bol, fais fondre le beurre au micro-ondes à intensité moyenne (50 %) environ 30 secondes. Mélange le beurre fondu et laisse-le refroidir. Entre-temps, prépare le jus de citron. Demande de l'aide pour couper le citron en deux. Presse le citron avec un presse-agrumes. Enlève les pépins avec une cuillère et jette-les. Mesure 2 c. à table (30 ml) de jus de citron. Verse le jus de citron dans une tasse.

4 Dans un bol, à l'aide d'un fouet, mélange le beurre refroidi, les jaunes d'oeufs et le sucre. Ajoute la farine, le lait et le jus de citron, et mélange jusqu'à consistance lisse.

5 Dans un petit bol, à l'aide d'un batteur à oeufs, bats les blancs d'oeufs avec le sel jusqu'à ce qu'ils aient gonflé. À l'aide d'une spatule, incorpore délicatement les blancs d'oeufs à la préparation de jaunes d'oeufs.

6 À l'aide de la spatule, répartis la pâte dans les ramequins. Dépose les ramequins dans un plat allant au four ou une rôtissoire. Dans le plat allant au four ou la rôtissoire, ajoute suffisamment d'eau chaude du robinet pour couvrir les ramequins jusqu'à mi-hauteur (fais attention de ne pas éclabousser les ramequins).

7 Fais cuire les petits gâteaux-poudings au four environ 45 minutes ou jusqu'à ce que le dessus soit spongieux et jaune pâle. Retire le plat ou la rôtissoire du four et laisse les gâteaux-poudings refroidir environ 15 minutes ou jusqu'à ce qu'ils soient juste chauds au toucher. Ne les démoule pas. Ces petits gâteaux se dégustent directement dans leur ramequin.

Donne 4 petits gâteaux-poudings.

Gâteau aux pêches

Il est normal que ce gâteau recouvert de fruits n'ait pas une surface lisse. Et inutile d'essayer de le démouler : c'est beaucoup plus simple de le couper directement dans le moule.

Matériel

moule à gâteau rond en métal de 8 po (20 cm) de diamètre

Ingrédients

1 boîte de 14 oz (398 ml) de pêches en tranches
   ou de demi-abricots

1 1/4 tasse (310 ml) de farine tout usage

1 c. à thé (5 ml) de poudre à pâte

pincée de sel

1 gros oeuf

2/3 tasse (160 ml) de sucre

1/3 tasse (80 ml) de lait

1/4 tasse (60 ml) d'huile végétale

1/2 c. à thé (2 ml) d'essence de vanille

1 c. à table (15 ml) de sucre à gros cristaux, si désiré

1/3 tasse (80 ml) de confiture de pêches, d'abricots
   ou d'oranges

1 Préchauffe le four à 350°F (180°C).

2 Graisse et farine la paroi d'un moule à gâteau. Tapisse le fond d'une rondelle de papier parchemin ou de papier ciré.

3 Demande de l'aide pour ouvrir la boîte de pêches ou d'abricots et égoutter les fruits. Mets de côté les tranches de pêches ou les demi-abricots.

4 Dans un bol, à l'aide d'un tamis, tamise la farine, la poudre à pâte et le sel. Mélange.

5 Dans un autre bol, à l'aide d'un fouet, mélange l'oeuf, le sucre, le lait, l'huile et l'essence de vanille. Verse cette préparation sur les ingrédients secs et, à l'aide du fouet, mélange bien jusqu'à ce que la préparation forme une pâte. À l'aide d'une spatule, étends la pâte dans le moule.

6 Dispose les tranches de pêches ou les demi-abricots sur la pâte et parsème-les de sucre à gros cristaux, si désiré.

7 Fais cuire le gâteau de 55 à 60 minutes ou jusqu'à ce qu'il soit doré et qu'un cure-dent inséré au centre en ressorte sec. Laisse-le refroidir.

8 Dépose la confiture dans un bol. Chauffe-la au micro-ondes à intensité moyenne (50 %) environ 30 secondes. Brasse la confiture, puis étale-la sur le gâteau à l'aide d'une cuillère. Laisse le gâteau refroidir avant de le couper en pointes.

Donne 1 gâteau.

Gâteau aux pêches

Gâteau aux pommes et à la cannelle

Pour préparer ce gâteau au parfum de cannelle, il faut être attentif à l'étape 5 et ne pas ajouter toute la quantité d'oeuf et d'eau. On utilise un ramequin rond de 6 po (15 cm) de diamètre pour un petit gâteau en hauteur et un moule à gâteau rond de 8 po (20 cm) de diamètre pour un gâteau légèrement plus grand mais plus plat.

Matériel

ramequin rond de 6 po (15 cm) de diamètre ou moule à gâteau rond en métal de 8 po (20 cm) de diamètre

Ingrédients

1 tasse (250 ml) de farine tout usage

1 c. à thé (5 ml) de bicarbonate de sodium

1/2 c. à thé (2 ml) de cannelle

pincée de sel

3 c. à table (45 ml) de beurre non salé, ramolli

1/3 tasse (80 ml) de cassonade, tassée

1/4 tasse (60 ml) de sucre

1/2 tasse (125 ml) de compote de pommes lisse
   non sucrée

1 gros oeuf, plus de l'eau froide (pour l'étape 5)

1 c. à thé (5 ml) de vinaigre blanc

1/2 c. à thé (2 ml) d'essence de vanille

1 Préchauffe le four à 350°F (180°C).

2 Graisse et farine la paroi d'un ramequin ou d'un moule à gâteau. Tapisse le fond d'une rondelle de papier parchemin ou de papier ciré.

3 Dans un bol, à l'aide d'un tamis, tamise la farine, le bicarbonate de sodium, la cannelle et le sel. Mélange.

4 Dans un autre bol, dépose le beurre ramolli. Ajoute la cassonade et le sucre, et, à l'aide d'une spatule ou d'une cuillère de bois, mélange jusqu'à consistance de crème épaisse. Ajoute la compote de pommes et mélange. Mets de côté cette préparation.

5 Casse l'oeuf dans une tasse à mesurer et ajoute assez d'eau froide pour obtenir 1/2 tasse (125 ml) de liquide. Fouette le mélange avec une fourchette ou un fouet. Ajoute la moitié de ce mélange (1/4 tasse/ 60 ml) à la préparation de pommes et brasse bien avec le fouet. (Réfrigère le reste du mélange d'oeuf, il pourra servir pour préparer des oeufs brouillés.)

6 Verse la préparation de pommes sur les ingrédients secs et mélange bien avec le fouet. Ajoute le vinaigre et l'essence de vanille. Mélange. À l'aide d'une spatule, verse la pâte dans le ramequin ou le moule à gâteau.

7 Fais cuire le gâteau au four de 40 à 45 minutes ou jusqu'à ce que le dessus soit doré et qu'un cure-dent inséré au centre en ressorte sec. Laisse le gâteau refroidir légèrement. Pour démouler le gâteau, passe deux fois un couteau de table entre le moule et le gâteau pour détacher le gâteau. Demande de l'aide pour le sortir du moule. Enlève le papier parchemin ou le papier ciré, si désiré. Dépose le gâteau, le côté plat dessous, dans une assiette (si tu ne le glaces pas) ou sur une grille (si tu le glaces avec le glaçage à la cassonade de la page suivante).

Donne 1 gâteau.

Glaçage à la cassonade

2/3 tasse (160 ml) de sucre en poudre

2 c. à table (30 ml) d'eau

1 c. à table (15 ml) de cassonade, tassée

1 c. à thé (5 ml) de beurre non salé

Dans un bol, à l'aide d'un tamis, tamise le sucre en poudre.

Dans un autre bol, verse l'eau. Ajoute la cassonade et chauffe le tout au micro-ondes à intensité moyenne (50 %) environ 2 minutes ou jusqu'à ce que la cassonade soit dissoute. Ajoute le beurre et, à l'aide d'une cuillère, mélange jusqu'à ce qu'il ait fondu. Incorpore petit à petit le sucre en poudre, quelques cuillerées à la fois, en brassant avec une spatule jusqu'à ce que le glaçage soit lisse. À l'aide d'une cuillère, verse le glaçage sur le gâteau aux pommes en le laissant couler sur les côtés. Laisse le glaçage durcir avant de couper le gâteau en tranches.

Gâteau au chocolat à trois étages

Ce gâteau spectaculaire, qui se prépare dans un seul moule, est parfait pour les grandes occasions. Avec les retailles de gâteau et les restes de glaçage, tu pourras préparer des truffes moelleuses (recette à la page 119).

Matériel

moule en métal de 9 po x 13 po (23 cm x 33 cm)

Ingrédients

2 1/4 tasses (560 ml) de farine tout usage

2 c. à thé (10 ml) de bicarbonate de sodium

1/4 c. à thé (1 ml) de sel

3 carrés de 1 oz/28 g chacun de chocolat non sucré

1/2 tasse (125 ml) de beurre non salé, ramolli

1 1/2 tasse (375 ml) de sucre

1/4 tasse (60 ml) d'huile végétale

2 gros oeufs

2 c. à thé (10 ml) d'essence de vanille

3/4 tasse (180 ml) de lait

1 c. à thé (5 ml) de vinaigre blanc

paillettes et petits bonbons pour décorer, si désiré

1 Préchauffe le four à 350°F (180°C).

2 Graisse un moule et tapisse-le de papier parchemin.

3 Dans un bol, à l'aide d'un tamis, tamise la farine, le bicarbonate de sodium et le sel. Mélange.

4 Dans un autre bol, fais fondre les carrés de chocolat au micro-ondes à intensité moyenne (50 %), en brassant à la mi-cuisson, environ 3 minutes. Brasse de nouveau jusqu'à ce que le chocolat soit lisse. Mets de côté le chocolat fondu et laisse-le refroidir.

5 Dans un grand bol, dépose le beurre ramolli. Ajoute le sucre et, à l'aide d'une spatule ou d'une cuillère de bois, mélange jusqu'à consistance de crème épaisse. Ajoute l'huile, les oeufs, l'essence de vanille et le chocolat refroidi. Mélange.

6 À l'aide d'un fouet, ajoute petit à petit les ingrédients secs et le lait au mélange de beurre et brasse jusqu'à ce que la pâte soit lisse. Ajoute le vinaigre et mélange.

7 À l'aide de la spatule, verse la pâte dans le moule et étends-la uniformément. Fais cuire le gâteau au four environ 40 minutes ou jusqu'à ce qu'un cure-dent inséré au centre en ressorte sec. Laisse le gâteau refroidir complètement avant de le démouler, puis coupe-le et assemble-le (la façon de faire est décrite à la page 116, sous le titre Assemblage d'un gâteau à trois étages). Couvre le gâteau de glaçage fondant au chocolat ou de glaçage au chocolat blanc (recettes aux pages 116 et 118).

Donne 1 gâteau à trois étages.

Gâteau au chocolat à trois étages et truffes moelleuses au gâteau (pages 114 et 119)

Glaçage fondant au chocolat

Une fois étendu sur le gâteau, le glaçage a une texture de fudge. Le gâteau se coupe alors très bien.

Ingrédients

1/4 tasse (60 ml) de crème à 35 %

4 carrés de 1 oz/28 g chacun de chocolat mi-sucré

1/2 tasse (125 ml) de crème à 35 %

2 1/2 tasses (625 ml) de sucre en poudre

1/4 c. à thé (1 ml) d'essence de vanille

pincée de sel

quelques gouttes de lait (pour éclaircir)

Dans un bol, verse 1/4 tasse (60 ml) de crème. Ajoute les carrés de chocolat et chauffe le tout au micro-ondes à intensité moyenne (50 %), en brassant à la mi-cuisson, de 3 à 4 minutes ou jusqu'à ce que le chocolat ait fondu. À l'aide d'une spatule, brasse jusqu'à ce que la préparation soit lisse. Ajoute 1/2 tasse (125 ml) de crème et mélange. Verse la préparation dans un grand bol. À l'aide d'un batteur à oeufs, bats la préparation jusqu'à ce qu'elle ait épaissi. Ajoute petit à petit le sucre en poudre, l'essence de vanille et le sel en battant jusqu'à ce que le glaçage ait gonflé. Lorsque le glaçage devient trop difficile à battre, incorpore le reste du sucre en poudre avec une spatule ou une cuillère de bois. Si le glaçage est trop ferme pour être étendu, ajoute quelques gouttes de lait pour l'éclaircir.

Donne suffisamment de glaçage pour un gâteau à trois étages et une recette de truffes (page 119).

Assemblage d'un gâteau à trois étages

1 Démoule le gâteau. Sur des feuilles de papier propre, trace trois cercles de 7 po, 5 po et 3 po (18 cm, 13 cm et 8 cm) de diamètre, qui serviront de guide pour couper le gâteau. Découpe les cercles de papier et pique un cure-dent au centre de chacun. Dépose les cercles de papier sur le gâteau sans les faire se chevaucher, puis pique-les dans le gâteau. N'essaie pas de piquer le cure-dent à travers le papier et le gâteau en même temps, ça ferait fendre le gâteau. Demande de l'aide pour découper les cercles dans le gâteau (le mieux est d'utiliser un couteau dentelé).

2 Détache délicatement les retailles autour des rondelles de gâteau (mets-les de côté pour préparer les truffes de la page 119). À l'aide d'une petite spatule en métal ou d'un couteau de table, détache délicatement les rondelles de gâteau du papier parchemin. Dépose la rondelle de 7 po (18 cm) de diamètre dans une assiette.

3 À l'aide d'une petite spatule en métal ou d'une spatule ordinaire, dépose une grosse cuillerée de glaçage sur le gâteau de 7 po (18 cm). Pour commencer, il vaut mieux mettre plus de glaçage que moins, pour éviter que des miettes de gâteau ne se retrouvent dans le glaçage. Glace le dessus et les côtés du gâteau. Ne t'en fais pas si le glaçage n'est pas parfait. Dépose le gâteau de 5 po (13 cm) par-dessus et glace-le. Dépose ensuite le gâteau de 3 po (8 cm) et glace-le. Si tu veux lisser le glaçage, trempe la petite spatule en métal ou le couteau de table dans de l'eau froide et passe-les sur le glaçage. Décore le gâteau de paillettes et de bonbons, si désiré, avant que le glaçage ne durcisse.

Gâteau au chocolat blanc à trois étages

Ce super gâteau de fête est préparé dans un seul moule. Les retailles de gâteau et le reste de glaçage pourront être utilisés pour préparer les truffes de la page 119.

Matériel

moule en métal de 9 po x 13 po (23 cm x 33 cm), batteur à oeufs

Ingrédients

1/2 tasse (125 ml) d'eau

3 carrés de 1 oz/28 g chacun de chocolat blanc

2 tasses (500 ml) de farine tout usage

1 c. à table (15 ml) de poudre à pâte

1/4 c. à thé (1 ml) de sel

2/3 tasse (160 ml) de beurre non salé, ramolli

1 tasse (250 ml) de sucre

2 gros jaunes d'oeufs

1 c. à thé (5 ml) d'essence de vanille

1 tasse (250 ml) de lait

2 gros blancs d'oeufs

paillettes et petits bonbons pour décorer, si désiré

1 Préchauffe le four à 350°F (180°C).

2 Graisse un moule et tapisse-le de papier parchemin.

3 Dans un bol, verse l'eau. Ajoute les carrés de chocolat et chauffe le tout au micro-ondes à intensité moyenne (50 %), en brassant à la mi-cuisson, environ 3 minutes ou jusqu'à ce que le chocolat ait fondu. Brasse de nouveau jusqu'à ce que la préparation soit lisse. Mets de côté la préparation de chocolat et laisse-la refroidir.

4 Dans un bol, à l'aide d'un tamis, tamise la farine, la poudre à pâte et le sel. Mélange.

5 Dans un grand bol, dépose le beurre ramolli. Ajoute le sucre et, à l'aide d'une spatule ou d'une cuillère de bois, mélange jusqu'à consistance de crème épaisse. Ajoute les jaunes d'oeufs et l'essence de vanille. Mélange. Incorpore petit à petit la préparation de chocolat refroidie.

6 À l'aide d'un fouet, incorpore les ingrédients secs, quelques cuillerées à la fois, en alternant avec le lait. Assure-toi d'incorporer tous les ingrédients secs et le lait. Mets de côté cette pâte.

7 Dans un petit bol, à l'aide d'un batteur à oeufs, bats les blancs d'oeufs jusqu'à ce qu'ils soient blancs et qu'ils aient gonflé. À l'aide d'une spatule, incorpore les blancs d'oeufs à la pâte. À l'aide de la spatule, verse la pâte dans le moule et étends-la uniformément. Fais cuire le gâteau au four environ 40 minutes ou jusqu'à ce que le gâteau et la bordure soient légèrement dorés et qu'un cure-dent inséré au centre en ressorte sec. Laisse le gâteau refroidir complètement avant de le démouler, puis coupe-le et assemble-le (la façon de faire est décrite à la page 116, sous le titre Assemblage d'un gâteau à trois étages). Couvre le gâteau de glaçage au chocolat blanc (recette à la page 118).

Donne 1 gâteau à trois étages.

Glaçage au chocolat blanc

Une fois étendu sur le gâteau, cet exquis glaçage couleur crème devient plus ferme.

Ingrédients

1/4 tasse (60 ml) de crème à 35 %

4 carrés de 1 oz/28 g chacun de chocolat blanc

1/3 tasse (80 ml) de crème à 35 %

2 1/2 tasses (625 ml) de sucre en poudre

1/4 c. à thé (1 ml) d'essence de vanille

pincée de sel

1 ou 2 gouttes de colorant alimentaire, si désiré

quelques gouttes de lait (pour éclaircir)

Dans un bol, verse 1/4 tasse (60 ml) de crème. Ajoute les carrés de chocolat et chauffe le tout au micro-ondes à intensité moyenne (50 %), en brassant à la mi-cuisson, environ 3 minutes ou jusqu'à ce que le chocolat ait fondu. À l'aide d'une spatule ou d'une cuillère de bois, brasse de nouveau jusqu'à ce que la préparation soit lisse. Ajoute 1/3 tasse (80 ml) de crème et mélange jusqu'à consistance lisse. Verse la préparation dans un grand bol. À l'aide d'un batteur à oeufs, ajoute petit à petit le sucre en poudre, l'essence de vanille, le sel et le colorant alimentaire, si désiré, en battant jusqu'à ce que le glaçage ait gonflé. Lorsque le glaçage devient trop difficile à battre, incorpore le reste du sucre en poudre avec une spatule ou une cuillère de bois. Si le glaçage est trop ferme pour être étendu, ajoute quelques gouttes de lait pour l'éclaircir. Assemble et glace le gâteau à trois étages en suivant la façon décrite à la page 116, sous le titre Assemblage d'un gâteau à trois étages.

Donne suffisamment de glaçage pour un gâteau à trois étages et une recette de truffes (page 119).

Truffes moelleuses au gâteau

Voici une délicieuse façon d'utiliser les restes de gâteau et de glaçage du gâteau à trois étages. Les truffes se préparent en version chocolat blanc ou chocolat noir, comme le gâteau.

Ingrédients

1 1/2 tasse (375 ml) de retailles de gâteau à trois
   étages (recettes pages 114 et 117)

1/4 tasse (60 ml) de reste de glaçage pour gâteau
   à trois étages (recettes pages 116 et 118)

quelques gouttes de lait

enrobage au choix :

   1/4 tasse (60 ml) d'amandes moulues

   2 c. à table (30 ml) de sucre

1 Dans un bol, à l'aide d'un coupe-pâte, émiette les retailles de gâteau. Mesure 1 1/2 tasse (375 ml) de miettes.

2 Dans un autre bol, mélange le reste de glaçage avec quelques gouttes de lait jusqu'à ce qu'il soit crémeux. Ajoute 1 1/2 tasse (375 ml) de miettes de gâteau et mélange jusqu'à ce que la préparation ressemble à une pâte.

3 Façonne cette pâte en boules d'un peu plus de 1 po (2,5 cm) de diamètre. Mets les amandes moulues ou le sucre dans une petite assiette. Roule les boules de pâte dans les amandes ou le sucre de manière à bien les enrober. Réfrigère les truffes jusqu'à ce qu'elles soient fermes.

Donne environ 12 truffes.

5

Tartes, carrés et autres douceurs

Carrés au caramel 122

Barres au beurre d'arachides

et au chocolat 125

Barres Nanaimo sans cuisson 126

Brownies classiques, glaçage pour

brownies 128

Carrés aux céréales de riz

et au chocolat 130

Carrés à la confiture 131

Carrés au citron 133

Choux à la crème,

sauce au chocolat 134

Petits brownies aux guimauves 136

Flocons de neige 138

Petites tartes meringuées au citron 140

Tartelettes au chocolat 143

Tartelettes au sucre 144

Tarte glacée au chocolat 146

Tarte aux fruits 148

Carrés au caramel

Ce succulent dessert se compose d'une base de biscuits recouverte d'un caramel fondant.
Il se prépare en deux formats différents, mais en suivant une seule méthode.
Il suffit de choisir les ingrédients selon la quantité désirée.

Matériel

moule à pain de 8 po x 4 po (20 cm x 10 cm) ou
moule carré de 8 po (20 cm) de côté

Moule à pain :
Base de biscuits

1/4 tasse (60 ml) de beurre non salé, ramolli

1/4 tasse (60 ml) de sucre

1 gros jaune d'oeuf

2/3 tasse (160 ml) de farine tout usage

pincée de sel

farine (pour fariner)

Caramel fondant

1/2 tasse (125 ml) de cassonade, tassée

1/4 tasse (60 ml) de farine tout usage

pincée de sel

1/4 tasse (60 ml) de crème à 35 %

2 gouttes d'essence de vanille

3 c. à table (45 ml) de noix hachées, si désiré

OU

Moule carré :
Base de biscuits

1/2 tasse (125 ml) de beurre non salé, ramolli

1/2 tasse (125 ml) de sucre

2 gros jaunes d'oeufs

1 1/3 tasse (330 ml) de farine tout usage

pincée de sel

farine (pour fariner)

Caramel fondant

1 tasse (250 ml) de cassonade, tassée

1/2 tasse (125 ml) de farine tout usage

pincée de sel

1/2 tasse (125 ml) de crème à 35 %

quelques gouttes d'essence de vanille

1/3 tasse (80 ml) de noix hachées, si désiré

1   Graisse un moule et tapisse-le de papier parchemin.

2   Base de biscuits. Dans un bol, dépose le beurre ramolli. Ajoute le sucre et, à l'aide d'une spatule ou d'une cuillère de bois, mélange jusqu'à consistance de crème épaisse. Ajoute le jaune d'oeuf et mélange. À l'aide d'un tamis, tamise la farine et le sel sur la préparation, et mélange jusqu'à ce que la pâte soit lisse. À l'aide de la spatule, verse la pâte dans le moule. Farine tes mains et presse uniformément la pâte dans le fond du moule. Réfrigère cette pâte.

3   Préchauffe le four à 350°F (180°C).

4   Caramel fondant. Dans un grand bol, mélange la cassonade, la farine et le sel. Écrase les grumeaux de la cassonade avec le dos d'une cuillère. Mets de côté ce mélange.

5   Dans un bol, chauffe la crème au micro-ondes à intensité moyenne (50 %) de 30 secondes à 1 minute ou jusqu'à ce qu'elle soit chaude. Brasse la crème et verse-la sur le mélange de cassonade. Ajoute l'essence de vanille et mélange bien. Mets de côté ce caramel.

6   Fais cuire au four la pâte de biscuits refroidie 15 minutes (pour le moule à pain) et 20 minutes (pour le moule carré). Retire la pâte du four et laisse-la refroidir quelques minutes pour ne pas te brûler les mains pendant la prochaine étape (laisse le four allumé).

7   Étends le caramel sur la pâte à biscuits. Remets le moule au four et poursuis la cuisson environ 20 minutes (pour le moule à pain) et environ 25 minutes (pour le moule carré) ou jusqu'à ce que le caramel bouille fortement et que la bordure de la préparation soit dorée.

8   Retire le moule du four (le caramel continuera à bouillir) et place-le sur une grille. Parsème immédiatement le caramel de noix, si désiré. Le caramel sera coulant et très chaud. N'y touche pas tout de suite. Laisse la préparation refroidir complètement dans le moule avant de la couper en carrés.

Donne 1 recette de carrés.

Carrés au caramel (page 122)

Barres au beurre d'arachides
et au chocolat (page 125)

Barres Nanaimo sans cuisson (page 126)

Barres au beurre d'arachides et au chocolat

Ces barres tendres et riches plairont aux amateurs de beurre d'arachides, qu'il soit crémeux ou croquant. Elles se préparent en deux formats différents, mais en suivant une seule méthode. Il suffit de choisir les ingrédients selon la quantité désirée.

Matériel

moule à pain de 8 po x 4 po (20 cm x 10 cm) ou moule carré de 8 po (20 cm) de côté

Moule à pain

1 c. à table (15 ml) de beurre non salé, ramolli

1/3 tasse (80 ml) de cassonade, tassée

1/3 tasse (80 ml) de beurre d'arachides (crémeux ou croquant)

1 gros oeuf

1/4 c. à thé (1 ml) d'essence de vanille

1/2 tasse (125 ml) de farine tout usage

3 c. à table (45 ml) de brisures de chocolat

OU

Moule carré

2 c. à table (30 ml) de beurre non salé, ramolli

2/3 tasse (160 ml) de cassonade, tassée

2/3 tasse (160 ml) de beurre d'arachides (crémeux ou croquant)

2 gros oeufs

1/2 c. à thé (2 ml) d'essence de vanille

1 tasse (250 ml) de farine tout usage

1/3 tasse (80 ml) de brisures de chocolat

1 Préchauffe le four à 350°F (180°C).

2 Graisse un moule et tapisse-le de papier parchemin.

3 Dans un bol, à l'aide d'une spatule ou d'une cuillère de bois, mélange le beurre ramolli, la cassonade et le beurre d'arachides jusqu'à consistance de crème épaisse. Ajoute l'oeuf et l'essence de vanille. Mélange bien. Ajoute la farine et mélange bien. Incorpore les brisures de chocolat (la pâte sera molle). Avec tes mains, laisse tomber de grosses portions de pâte dans le fond du moule. Presse la pâte en une couche d'épaisseur uniforme.

4 Fais cuire la préparation au four de 20 à 25 minutes (pour le moule à pain) et de 30 à 35 minutes (pour le moule carré) ou jusqu'à ce qu'elle ait gonflé et qu'elle soit dorée. Laisse la préparation refroidir complètement (elle va dégonfler en refroidissant). En soulevant le papier parchemin, démoule la préparation, puis coupe-la en rectangles ou en carrés.

Donne 1 recette de barres.

Barres Nanaimo
sans cuisson

La liste d'ingrédients peut paraître longue, mais certains d'entre eux sont utilisés deux fois. Ces délicieuses barres se préparent en deux formats différents, mais en suivant une seule méthode. Il suffit de choisir les ingrédients selon la quantité désirée. Attention : elles ne plairont pas aux personnes réticentes à manger des plats préparés avec des jaunes d'oeufs crus.

Matériel
moule à pain de 8 po x 4 po (20 cm x 10 cm) ou moule carré de 8 po (20 cm) de côté

Moule à pain :
Croûte de gaufrettes

1 tasse (250 ml) de gaufrettes au chocolat, émiettées ou de chapelure de biscuits Graham

1/2 tasse (125 ml) de flocons de noix de coco sucrés

3 carrés de 1 oz/28 g chacun de chocolat mi-sucré

2 c. à table (30 ml) de beurre non salé

1 c. à table (15 ml) de lait ou de crème

1/2 c. à thé (2 ml) d'essence de vanille

1 gros jaune d'oeuf

Garniture à la vanille et garniture au chocolat

1 tasse (250 ml) de sucre en poudre

2 c. à table (30 ml) de crème pâtissière à la vanille en poudre ou de pouding à la vanille en poudre

2 c. à table (30 ml) de beurre non salé, ramolli

2 c. à table (30 ml) de lait ou de crème

1/4 c. à thé (1 ml) d'essence de vanille

2 carrés de 1 oz/28 g chacun de chocolat mi-sucré

1 c. à table (15 ml) de beurre non salé

OU

Moule carré :
Croûte de gaufrettes

2 tasses (500 ml) de gaufrettes au chocolat, émiettées ou de chapelure de biscuits Graham

1 tasse (250 ml) de flocons de noix de coco sucrés

6 carrés de 1 oz/28 g chacun de chocolat mi-sucré

1/4 tasse (60 ml) de beurre non salé

2 c. à table (30 ml) de lait ou de crème

1 c. à thé (5 ml) d'essence de vanille

2 gros jaunes d'oeufs

Garniture à la vanille et garniture au chocolat

2 tasses (500 ml) de sucre en poudre

1/4 tasse (60 ml) de crème pâtissière à la vanille en poudre ou de pouding à la vanille en poudre

1/4 tasse (60 ml) de beurre non salé, ramolli

1/4 tasse (60 ml) de lait ou de crème

1/2 c. à thé (2 ml) d'essence de vanille

4 carrés de 1 oz/28 g chacun de chocolat mi-sucré

2 c. à table (30 ml) de beurre non salé

1 Tapisse un moule de papier parchemin (tu n'as pas besoin de le graisser).

2 Croûte de gaufrettes. Dans un bol, mélange les gaufrettes émiettées ou la chapelure de biscuits Graham et les flocons de noix de coco.

3 Dans un autre bol, fais fondre les carrés de chocolat au micro-ondes à intensité moyenne (50 %), en brassant à la mi-cuisson, environ 3 minutes (pour 3 carrés) et 3 1/2 minutes (pour 6 carrés). Ajoute le beurre et, à l'aide d'une spatule, mélange jusqu'à consistance lisse. Incorpore le lait ou la crème et l'essence de vanille. Ajoute le jaune d'oeuf et mélange jusqu'à ce que la préparation soit lisse. À l'aide de la spatule, incorpore la préparation au chocolat au mélange de gaufrettes. À l'aide de la spatule, verse cette préparation dans le moule et presse-la en une couche d'épaisseur uniforme. Fais attention que le papier parchemin ne glisse pas pendant que tu presses la préparation.

4 Garniture à la vanille. Dans un bol, à l'aide d'un tamis, tamise le sucre en poudre. Ajoute la crème pâtissière en poudre ou le pouding à la vanille en poudre et mélange. À l'aide d'une spatule propre ou d'une cuillère de bois, ajoute le beurre, le lait ou la crème et l'essence de vanille, et mélange jusqu'à consistance lisse. Étends uniformément la garniture à la vanille sur la croûte de gaufrettes. Réfrigère la garniture 15 minutes ou jusqu'à ce qu'elle ait pris.

5 Garniture au chocolat. Dans un bol, fais fondre les carrés de chocolat au micro-ondes à intensité moyenne (50 %), en brassant à la mi-cuisson, environ 2 1/2 minutes (pour 2 carrés) et 3 1/2 minutes (pour 4 carrés). Ajoute le beurre et mélange jusqu'à consistance lisse. Étends la garniture au chocolat sur la garniture à la vanille. Réfrigère la garniture 15 minutes ou jusqu'à ce qu'elle ait pris. Demande de l'aide pour démouler les barres et les couper. Conserve les barres au réfrigérateur.

Donne 1 recette de barres.

Brownies classiques

Avec leur texture parfaite, qui tient à la fois du gâteau et du fudge,
ces brownies combleront les amateurs de chocolat.

Matériel

moule carré de 8 po (20 cm) de côté

Ingrédients

3 carrés de 1 oz/28 g chacun de chocolat non sucré

1/2 tasse (125 ml) de beurre non salé,
  coupé en morceaux

2/3 tasse (160 ml) de cassonade, tassée

1/2 tasse (125 ml) de sucre

1 c. à table (15 ml) de poudre de cacao non sucrée

2 gros oeufs

1 c. à table (15 ml) d'huile végétale

1/2 c. à thé (2 ml) d'essence de vanille

2/3 tasse (160 ml) de farine tout usage

1 Préchauffe le four à 350°F (180°C).

2 Graisse un moule carré et tapisse-le de papier
parchemin.

3 Dans un bol, chauffe les carrés de chocolat et le
beurre au micro-ondes à intensité moyenne (50 %),
en brassant à la mi-cuisson, environ 3 minutes ou
jusqu'à ce que le chocolat ait fondu. À l'aide
d'une spatule, brasse jusqu'à ce que la préparation
soit lisse.

4 Dans un grand bol, défais les grumeaux de la cassonade avec le manche d'un fouet. Ajoute le sucre,
la poudre de cacao, les oeufs, l'huile et l'essence
de vanille. Mélange bien. À l'aide d'une spatule,
incorpore la préparation de chocolat fondu au
mélange d'oeufs.

5 Ajoute la farine, quelques cuillerées à la fois, et
mélange bien. À l'aide de la spatule, verse la pâte
dans le moule carré. Fais cuire la préparation au
four 25 minutes. Ne fais pas trop cuire les brownies,
car ils risquent de perdre leur texture moelleuse.
Laisse-les refroidir complètement dans le moule
avant de les couvrir de glaçage, si désiré, puis de les
couper en carrés.

Donne 1 recette de brownies.

Glaçage pour brownies

Ingrédients

3 c. à table (45 ml) de beurre non salé, coupé en
morceaux

2 c. à table (30 ml) de lait ou plus (pour éclaircir)

1 tasse (250 ml) de sucre en poudre

3 c. à table (45 ml) de poudre de cacao non sucrée

pincée de sel

2 ou 3 gouttes d'essence de vanille

Dans un bol, chauffe le beurre et le lait au micro-ondes
à intensité moyenne (50 %) environ 1 1/2 minute ou
jusqu'à ce que le beurre ait fondu. Mélange bien.

Dans un autre bol, à l'aide d'un tamis, tamise le sucre
en poudre, la poudre de cacao et le sel. Mélange.

À l'aide d'une spatule, incorpore la préparation au
beurre au mélange de sucre en poudre. Ajoute l'essence
de vanille et mélange bien. Au besoin, ajoute quelques
gouttes de lait pour éclaircir le glaçage. Étends le
glaçage sur les brownies. Laisse-les reposer quelques
minutes avant de les couper en carrés.

Donne assez de glaçage pour 1 recette
de brownies.

Carrés aux céréales de riz et au chocolat

Texture tendre et saveur chocolatée caractérisent
cette délicieuse variante des fameux carrés aux Rice Krispies.

Matériel

moule à pain de 8 po x 4 po (20 cm x 10 cm), bol en
verre d'une capacité de 4 tasses (1 L)

Ingrédients

3 tasses (750 ml) de petites guimauves

3 c. à table (45 ml) de beurre non salé,
    coupé en morceaux

1 c. à table (15 ml) de poudre de cacao non sucrée

1/4 c. à thé (1 ml) d'essence de vanille

1/2 tasse (125 ml) de chapelure de biscuits Graham

1 1/2 tasse (375 ml) de céréales de riz
    (de type Rice Krispies)

1 Tapisse un moule à pain d'une pellicule de plastique. Mesure tous les ingrédients à l'avance.

2 Mets les guimauves, le beurre et la poudre de cacao dans un bol en verre. Chauffe le tout au micro-ondes à intensité moyenne (50 %) environ 1 1/2 minute pour faire fondre les guimauves. Brasse avec une spatule. Remets le bol au micro-ondes et chauffe à intensité moyenne (50 %) 1 1/2 minute ou jusqu'à ce que les guimauves aient complètement fondu (les guimauves vont gonfler en chauffant).

3 Dépose le bol qui contient les guimauves fondues sur une surface de travail. En travaillant le plus rapidement possible, à l'aide de la spatule, incorpore l'essence de vanille, la chapelure de biscuits Graham et les céréales de riz.

4 La préparation commencera à durcir pendant que tu la brasseras. À l'aide de la spatule, verse la préparation encore molle dans le moule à pain et presse-la en une couche d'épaisseur uniforme. Réfrigère-la environ 20 minutes ou jusqu'à ce qu'elle ait durci. En soulevant la pellicule de plastique, démoule la préparation, puis coupe-la en carrés.

Donne 1 recette de carrés.

Carrés à la confiture

Ces délicieux carrés sont la preuve qu'on peut préparer de petites douceurs
avec ce qu'on trouve dans le garde-manger. Les carrés se préparent
en deux formats différents, mais en suivant une seule méthode.
Il suffit de choisir les ingrédients selon la quantité désirée.

Matériel

moule à pain de 8 po x 4 po (20 cm x 10 cm) ou
moule carré de 8 po (20 cm) de côté

Moule à pain

1/3 tasse (80 ml) de beurre non salé, ramolli

1/4 tasse (60 ml) de sucre

1 gros jaune d'oeuf

1 c. à thé (5 ml) de lait

1/4 c. à thé (1 ml) d'essence de vanille

3/4 tasse (180 ml) de farine tout usage

pincée de sel

farine (pour fariner)

1/4 tasse (60 ml) de confiture

OU

Moule carré

2/3 tasse (160 ml) de beurre non salé, ramolli

1/2 tasse (125 ml) de sucre

2 gros jaunes d'oeufs

1 c. à table (15 ml) de lait

1/2 c. à thé (2 ml) d'essence de vanille

1 1/2 tasse (375 ml) de farine tout usage

pincée de sel

farine (pour fariner)

1/2 tasse (125 ml) de confiture

1 Préchauffe le four à 350°F (180°C).

2 Graisse un moule et tapisse-le de papier parchemin.

3 Dans un bol, dépose le beurre ramolli. Ajoute le sucre et, à l'aide d'une spatule ou d'une cuillère de bois, mélange jusqu'à consistance de crème épaisse. Ajoute le jaune d'oeuf, le lait et l'essence de vanille. Mélange. Ajoute la farine et le sel. Mélange. À l'aide de la spatule, verse la préparation dans le moule. Farine tes doigts et presse la pâte uniformément dans le fond du moule.

4 Fais cuire la croûte au four 15 minutes (pour le moule à pain) et 20 minutes (pour le moule carré). Retire la croûte du four et laisse-la refroidir légèrement (laisse le four allumé).

5 Brasse la confiture pour la ramollir et étends-la uniformément sur la croûte avec le dos d'une cuillère. Poursuis la cuisson au four environ 20 minutes (pour le moule à pain) et environ 25 minutes (pour le moule carré) ou jusqu'à ce que la bordure de la préparation soit dorée. Laisse la préparation refroidir complètement dans le moule avant de la couper en carrés.

Donne 1 recette de carrés.

Carrés à la confiture (page 131)

Carrés aux céréales de riz
et au chocolat (page 130)

Carrés au citron (page 133)

Choux à la crème (page 134)

Carrés au citron

Pour donner à la garniture crémeuse de ces carrés une saveur citronnée incomparable,
il n'y a rien de tel que le jus de citron fraîchement pressé.

Matériel

moule carré de 8 po (20 cm) de côté

Croûte

1/2 tasse (125 ml) de beurre non salé, ramolli

1/4 tasse (60 ml) de sucre

pincée de sel

1 tasse (250 ml) de farine tout usage

farine (pour fariner)

Garniture au citron

1/4 tasse (60 ml) de jus de citron fraîchement pressé
   (jus de 1 gros citron ou de 2 petits)

3/4 tasse (180 ml) de sucre

3 c. à table (45 ml) de farine tout usage

2 gros oeufs

environ 2 c. à thé (10 ml) de sucre en poudre
   (pour saupoudrer)

1 Préchauffe le four à 350°F (180°C).

2 Graisse un moule carré et tapisse-le de papier
   parchemin.

3 Croûte. Dans un bol, dépose le beurre ramolli.
   Ajoute le sucre et, à l'aide d'une spatule ou d'une
   cuillère de bois, mélange jusqu'à consistance de
   crème épaisse. Ajoute le sel et la farine. Mélange
   jusqu'à ce que la préparation forme une pâte molle.

Farine tes mains et laisse tomber de grosses portions de pâte dans le moule carré. Presse la pâte
en une couche d'épaisseur uniforme. Fais cuire la
croûte au four 20 minutes.

4 Garniture au citron. Demande de l'aide pour couper
   le citron en deux. Presse le citron avec un presse-
   agrumes. Enlève les pépins avec une cuillère et
   jette-les. Mesure 1/4 tasse (60 ml) de jus.

5 Dans un bol, à l'aide d'un fouet, mélange le sucre,
   la farine, les oeufs et le jus de citron jusqu'à ce que
   la garniture soit lisse.

6 Après 20 minutes de cuisson, retire le moule du
   four (laisse le four allumé). Brasse la garniture au
   citron et verse-la sur la croûte cuite. Demande de
   l'aide pour remettre le moule au four. Fais cuire la
   préparation environ 25 minutes. Demande de l'aide
   pour secouer le moule et vérifier si la garniture au
   citron a pris (la garniture est prête si elle ne bouge
   pas quand on secoue le moule). Laisse la préparation refroidir complètement dans le moule avant
   de la saupoudrer de sucre en poudre et de la
   couper en carrés.

Donne 1 recette de carrés.

Choux à la crème

Cette coquette petite pâtisserie n'aura jamais été aussi facile à réaliser.
D'autant plus que sa garniture est achetée, toute prête. Pour la touche de finition,
on saupoudre les choux de sucre en poudre ou on les arrose de sauce au chocolat.

Matériel

bol en verre d'une capacité de 4 tasses (1 L)

Ingrédients

1/2 tasse (125 ml) d'eau

2 c. à table (30 ml) de beurre non salé,
   coupé en morceaux

1/2 tasse (125 ml) de farine tout usage

1/8 c. à thé (0,5 ml) de sel

1 gros oeuf

1 tasse (250 ml) de crème fouettée, de pouding
   à la vanille ou de crème glacée

2 c. à thé (10 ml) de sucre en poudre (pour
   saupoudrer) ou sauce au chocolat
   (recette page suivante)

1 Préchauffe le four à 400°F (200°C).

2 Tapisse une plaque à pâtisserie de papier
parchemin. Mesure l'eau, le beurre, la farine et le
sel à l'avance pour qu'ils soient prêts à être utilisés,
et casse l'oeuf dans un petit bol.

3 Dans un bol en verre, verse l'eau et ajoute le beurre.
Chauffe le tout au micro-ondes à intensité moyenne
(50 %) de 1 à 2 minutes ou jusqu'à ce que le
beurre ait fondu et que l'eau soit chaude.

4 Ajoute la farine et le sel au mélange de beurre. À
l'aide d'une spatule ou d'une cuillère de bois, brasse
une ou deux fois juste pour humecter le mélange.
Incorpore l'oeuf (au début, la pâte aura tendance à
être glissante). Mélange jusqu'à ce qu'il n'y ait plus
de grumeaux (la pâte ne sera pas lisse et aura la
texture du gruau).

5 Graisse une cuillère à table avec un peu de beurre.
À l'aide de cette cuillère, laisse tomber la pâte, en
petits monticules assez élevés, sur la plaque à pâtisserie en les espaçant d'environ 2 po (5 cm). (Le fait
que la pâte ne soit pas lisse aide à faire des monticules plus hauts.) Plus tes monticules seront élevés,
plus les choux seront ronds. Prépare huit choux.

6 Fais cuire les choux au four environ 25 minutes ou jusqu'à ce qu'ils aient gonflé et qu'ils soient dorés. Laisse les choux refroidir avant de les couper en deux horizontalement avec un couteau de table.

7 À l'aide d'une cuillère, dépose de la crème fouettée, du pouding à la vanille ou de la crème glacée sur la partie inférieure de chacun des choux, puis couvre-les de la partie supérieure. Saupoudre les choux de sucre en poudre ou arrose-les de sauce au chocolat.

Donne 8 choux à la crème.

Sauce au chocolat

1/2 tasse (125 ml) de sucre en poudre

1 c. à table (15 ml) de poudre de cacao non sucrée

pincée de sel

1 c. à table (15 ml) d'eau ou plus (pour éclaircir)

1 1/2 c. à thé (7 ml) de beurre non salé

1 ou 2 gouttes d'essence de vanille

Dans un bol, à l'aide d'un tamis, tamise le sucre en poudre, la poudre de cacao et le sel. Mélange.

Dans un autre bol, verse l'eau. Ajoute le beurre. Chauffe le tout au micro-ondes à intensité moyenne (50 %) environ 15 secondes ou jusqu'à ce que le beurre ait fondu. Ajoute l'essence de vanille et mélange. Verse ce mélange sur la préparation de sucre en poudre et mélange bien. Au besoin, ajoute quelques gouttes d'eau pour éclaircir la sauce. À l'aide d'une cuillère, arrose les choux à la crème de sauce au chocolat en la laissant couler sur les côtés.

Petits brownies aux guimauves

Ces brownies sont mignons dans leurs moules en papier.
En cuisant, les guimauves deviennent légèrement dorées et délicieusement molles.

Matériel

huit moules à muffins en métal, huit moules en papier

Ingrédients

1/2 tasse (125 ml) de brisures de chocolat mi-sucré

1/4 tasse (60 ml) de beurre non salé, coupé en morceaux

1/2 c. à thé (2 ml) d'essence de vanille

1/2 tasse (125 ml) de farine tout usage

1/2 tasse (125 ml) de sucre

pincée de sel

1 gros oeuf

24 petites guimauves

1/4 tasse (60 ml) de brisures de chocolat mi-sucré

2 c. à table (30 ml) d'amandes en tranches, si désiré

1. Préchauffe le four à 350°F (180°C).

2. Tapisse huit moules à muffins en métal de huit moules en papier.

3. Dans un bol, fais fondre 1/2 tasse (125 ml) de brisures de chocolat et le beurre au micro-ondes à intensité moyenne (50 %) environ 2 minutes. Brasse. À l'aide d'une spatule, ajoute l'essence de vanille et mélange. Mets de côté cette préparation.

4. Dans un autre bol, à l'aide d'une fourchette, mélange la farine, le sucre et le sel. À l'aide de la spatule, incorpore les ingrédients secs à la préparation de chocolat fondu et brasse pour humecter les ingrédients secs. Ajoute l'oeuf et mélange bien.

5. À l'aide d'une cuillère à thé, laisse tomber la pâte dans les moules à muffins en les remplissant au tiers. Fais cuire les brownies au four 15 minutes. Retire les moules du four. Laisse-les refroidir jusqu'à ce qu'ils ne soient plus chauds (laisse le four allumé).

6. Dépose deux ou trois guimauves, quelques brisures de chocolat et des tranches d'amandes, si désiré, sur chaque brownie. Poursuis la cuisson au four environ 6 minutes ou jusqu'à ce que les guimauves aient gonflé et qu'elles commencent à fondre. Laisse les brownies refroidir avant de les manger.

Donne 8 petits brownies.

Petits brownies aux guimauves (page 136)   Flocons de neige (page 138)

Flocons de neige

Si votre enfant est capable de faire des flocons de neige en papier,
alors il peut très bien confectionner ces jolis flocons. Ils restent croquants
pendant des jours et peuvent servir de décoration avant d'être mangés.

Ingrédients

1 gros blanc d'oeuf

2 c. à table (30 ml) de sucre en poudre

1 c. à table (15 ml) de sucre

pincée de sel

2 c. à table (30 ml) de beurre non salé

12 pâtes à wonton (enveloppe bien le reste du
    paquet et congèle-le)

1 c. à table (15 ml) d'amandes moulues, si désiré

1   Préchauffe le four à 350°F (180°C).

2   Tapisse une plaque à pâtisserie de papier
    parchemin.

3   Dans un petit bol, à l'aide d'une fourchette, fouette
    le blanc d'oeuf, le sucre en poudre, le sucre et le sel
    jusqu'à consistance lisse. S'il y a des grumeaux,
    défais-les avec le dos d'une cuillère à thé.

4   Dans un bol, fais fondre le beurre au micro-ondes à
    intensité moyenne (50 %) environ 1 minute. Brasse.

5   Dépose une pâte à wonton sur une surface de tra-
    vail (couvre les autres pâtes d'un linge humide pour
    les empêcher de sécher). Plie la pâte à wonton en
    quatre, en carré ou en triangle. Découpe des formes
    sur les côtés comme tu le ferais avec une feuille de
    papier. Ne découpe pas de trop grosses formes.

6   Déplie la pâte et étends-la sur la surface de travail.
    À l'aide d'un pinceau à pâtisserie, badigeonne-la
    légèrement de beurre fondu. Retourne-la et badi-
    geonne l'autre côté de beurre. Badigeonne
    généreusement ce côté avec le mélange de blanc
    d'oeuf (ne badigeonne qu'un seul côté de blanc
    d'oeuf). Parsème d'amandes moulues, si désiré.

7   Détache délicatement le flocon de neige de la
    surface de travail et étends-le sur la plaque à pâtis-
    serie. Utilise un couteau de table pour t'aider
    à détacher le flocon. Assure-toi que le côté badi-
    geonné de blanc d'oeuf est sur le dessus. Prépare
    11 autres flocons de la même façon.

8 Fais cuire les flocons au four environ 8 minutes ou jusqu'à ce qu'ils soient bien dorés, croustillants jusqu'au centre et que leur bordure soit foncée. Surveille-les bien pendant les 2 dernières minutes de cuisson pour éviter qu'ils ne brûlent.

9 Retire la plaque du four et laisse les flocons refroidir complètement avant de les toucher.

Donne 12 flocons.

Gros flocons de neige

De plus gros flocons de neige peuvent être préparés avec de la pâte à pâtés impériaux. Cette pâte ressemble à la pâte à wonton, mais les feuilles sont souvent rondes et plus grosses. Comme les feuilles sont plus grosses, il faut cuire les flocons de 1 à 2 minutes de plus ou jusqu'à ce qu'ils soient dorés et croustillants jusqu'au centre.

Petites tartes meringuées au citron

Le jus de citron fraîchement pressé donne du piquant à ces adorables petites tartes.
Cette recette se prépare soit dans deux petites assiettes à tarte, soit dans six moules
à tartelettes. Ces moules sont vendus dans les boutiques d'articles de cuisine
ou dans les supermarchés, dans la même section que les assiettes en aluminium.

Matériel

deux assiettes à tarte de 5 po (13 cm) de diamètre
ou six moules à tartelettes de 2 1/2 po (6 cm) de
diamètre, bol en verre d'une capacité de 4 tasses
(1 L), batteur à oeufs

Croûtes

2/3 tasse (160 ml) de farine tout usage

2 c. à table (30 ml) de sucre en poudre

1/4 c. à thé (1 ml) de bicarbonate de sodium

pincée de sel

3 c. à table (45 ml) de beurre non salé, ramolli

1 c. à table + 1 c. à thé (20 ml) d'huile végétale

1/2 c. à thé (2 ml) de sucre

Garniture au citron et meringue

2/3 tasse (160 ml) de sucre

3 c. à table (45 ml) de fécule de maïs

2 c. à table (30 ml) de farine tout usage

2/3 tasse (160 ml) d'eau froide

2 c. à table (30 ml) de jus de citron fraîchement
   pressé (jus de 1 citron)

1 c. à table (15 ml) de beurre non salé

2 gros jaunes d'oeufs

2 gros blancs d'oeufs

1/3 tasse (80 ml) de sucre (extra-fin de préférence)

1 Préchauffe le four à 350°F (180°C).

2 Croûtes. Dans un bol, à l'aide d'un tamis, tamise la
farine, le sucre en poudre, le bicarbonate de sodium
et le sel. Mélange.

3 Dans un autre bol, dépose le beurre ramolli. Ajoute
l'huile et le sucre, et, à l'aide d'une spatule ou
d'une cuillère de bois, mélange jusqu'à consistance
de crème épaisse. Incorpore petit à petit les ingrédients secs au mélange de beurre. Lorsque la pâte
devient trop difficile à brasser, incorpore le reste des
ingrédients secs, puis pétris la pâte avec tes mains
dans le bol.

4 Divise la pâte en deux portions égales si tu fais
deux petites tartes ou en six pour les tartelettes.
Presse la pâte uniformément dans les assiettes à
tarte ou les moules à tartelettes. Égalise la pâte sur
le rebord des moules. Pique le fond des croûtes
à plusieurs endroits avec une fourchette.

5 Réfrigère les croûtes pendant que tu prépares la
garniture et la meringue.

6   Garniture au citron. Dans un bol en verre, à l'aide d'un fouet, mélange 2/3 tasse (160 ml) de sucre, la fécule de maïs, la farine et l'eau jusqu'à consistance lisse. Chauffe le tout au micro-ondes à intensité moyenne (50 %), en brassant à la mi-cuisson, environ 4 minutes ou jusqu'à ce que la préparation ait épaissi. Brasse de nouveau jusqu'à ce que la préparation soit lisse.

7   Demande de l'aide pour couper le citron en deux. Presse le citron avec un presse-agrumes. Enlève les pépins avec une cuillère et jette-les. Mesure 2 c. à table (30 ml) de jus de citron. À l'aide d'un fouet, ajoute le jus de citron et le beurre à la préparation chaude.

8   Laisse tiédir la préparation. Incorpore les jaunes d'oeufs.

9   Répartis la garniture au citron dans les croûtes refroidies. Dépose-les sur une plaque à pâtisserie. Fais cuire les tartes environ 30 minutes et les tartelettes environ 20 minutes ou jusqu'à ce que les croûtes soient légèrement dorées, que la garniture ait pris et qu'elle soit légèrement bouillonnante sur la bordure. Retire les tartes ou les tartelettes du four (laisse le four allumé).

10 Meringue. Dans un petit bol, à l'aide d'un batteur à oeufs, bats les blancs d'oeufs jusqu'à ce qu'ils soient blancs et qu'ils aient gonflé. Ajoute petit à petit 1/3 tasse (80 ml) de sucre en battant jusqu'à ce que la meringue soit blanche, brillante et qu'elle ait gonflé.

11 À l'aide d'une spatule, étends la meringue sur les tartes ou les tartelettes. Ne t'en fais pas si ce n'est pas parfait. L'important, c'est que toute la garniture soit couverte. Remets les tartes ou les tartelettes sur la plaque à pâtisserie et poursuis la cuisson au four de 10 à 12 minutes ou jusqu'à ce que la meringue soit dorée par endroits. Laisse les tartes ou les tartelettes refroidir complètement avant de les manger.

Donne 2 petites tartes ou 6 tartelettes.

Tartelettes au chocolat

Tartelettes au chocolat

Cette recette donne 11 tartelettes exquises et un restant de garniture qui servira
à préparer de petits gâteaux de style brownie dans des moules en papier.

Matériel

16 moules à mini-muffins en métal, 5 moules à mini-muffins en papier

Croûtes de tartelettes

3 c. à table (45 ml) de beurre non salé, ramolli

1 c. à table (15 ml) de sucre

1 gros jaune d'oeuf

1/2 tasse (125 ml) de farine tout usage

1/4 tasse (60 ml) de sucre en poudre

1/4 tasse (60 ml) de chapelure

Garniture au chocolat

2 carrés de 1 oz/28 g chacun de chocolat non sucré

2 c. à table (30 ml) de beurre non salé

1/3 tasse (80 ml) de sucre

1 gros oeuf

1 1/2 c. à thé (7 ml) de farine tout usage

1/4 c. à thé (1 ml) d'essence de vanille

1 Préchauffe le four à 325°F (160°C).

2 Croûtes de tartelettes. Dans un bol, dépose le beurre ramolli. Ajoute le sucre et, à l'aide d'une spatule ou d'une cuillère de bois, mélange jusqu'à consistance de crème épaisse. Ajoute le jaune d'oeuf et mélange.

3 Dans un autre bol, à l'aide d'un tamis, tamise la farine et le sucre en poudre. Ajoute la chapelure et mélange. Incorpore petit à petit les ingrédients secs au mélange de beurre. Lorsque la pâte devient trop difficile à brasser, incorpore le reste des ingrédients secs, puis pétris la pâte avec tes mains dans le bol, jusqu'à ce qu'elle soit molle. Si la pâte est trop collante, ajoute une pincée de farine en la pétrissant.

4 Presse une petite quantité de pâte dans une cuillère à table et dépose-la dans un moule à mini-muffin. Presse la pâte dans le fond et sur la paroi du moule pour former une croûte. Prépare 11 croûtes de tartelettes de cette façon. Réfrigère les croûtes pendant que tu prépares la garniture.

5 Garniture au chocolat. Dans un bol, chauffe les carrés de chocolat et le beurre au micro-ondes à intensité moyenne (50 %), en brassant à la mi-cuisson, de 2 à 3 minutes ou jusqu'à ce que le chocolat ait fondu. Brasse la préparation, puis laisse-la refroidir légèrement. À l'aide d'un fouet, ajoute le sucre, l'oeuf, la farine et l'essence de vanille, et mélange jusqu'à consistance lisse. Avec une cuillère, verse la garniture au chocolat dans les croûtes de tartelettes en les remplissant à moitié. Verse le reste de la garniture dans cinq moules à mini-muffins tapissés de cinq moules en papier en les remplissant à moitié.

6 Fais cuire les tartelettes et les petits gâteaux environ 20 minutes ou jusqu'à ce que la garniture ait gonflé et que la bordure de la croûte soit légèrement dorée. Laisse-les refroidir complètement.

Donne 11 tartelettes et 5 petits gâteaux.

Tartelettes au sucre

Ces tartelettes ont une croûte au beurre et une riche garniture au sucre.
Fait à noter, la pâte ne durcit pas lorsqu'on la manipule.

Matériel

11 moules à mini-muffins en métal

Croûtes de tartelettes

2/3 tasse (160 ml) de farine tout usage

2 c. à table (30 ml) de sucre en poudre

1/4 c. à thé (1 ml) de bicarbonate de sodium

pincée de sel

3 c. à table (45 ml) de beurre non salé, ramolli

1 c. à table + 1 c. à thé (20 ml) d'huile végétale

1/2 c. à thé (2 ml) de sucre

Garniture au sucre

2 c. à table (30 ml) de raisins secs dorés, si désiré

2 c. à table (30 ml) de beurre non salé, ramolli

2 c. à table (30 ml) de cassonade, tassée

1/4 tasse (60 ml) de sirop de maïs

1 gros oeuf

pincée de sel

goutte d'essence de vanille

1 Croûtes de tartelettes. Dans un bol, à l'aide d'un tamis, tamise la farine, le sucre en poudre, le bicarbonate de sodium et le sel. Mélange.

2 Dans un grand bol, dépose le beurre ramolli. Ajoute l'huile et le sucre, et, à l'aide d'une spatule ou d'une cuillère de bois, mélange jusqu'à consistance de crème épaisse. Incorpore petit à petit les ingrédients secs au mélange de beurre. Lorsque la pâte devient trop difficile à brasser, incorpore le reste des ingrédients secs, puis pétris la pâte avec tes mains dans le bol.

3 Presse une petite quantité de pâte dans une cuillère à table (ne la remplis qu'à moitié) et dépose-la dans un moule à mini-muffin. Presse la pâte dans le fond et sur la paroi du moule pour former une croûte. Prépare 11 croûtes de tartelettes de cette façon. (Les croûtes seront très minces, mais elles gonfleront beaucoup pendant la cuisson.) Réfrigère les croûtes au moins 15 minutes.

4 Préchauffe le four à 375°F (190°C).

5 Garniture au sucre. Si tu veux des raisins secs dans la garniture, dépose-les dans une tasse d'eau chaude et laisse-les gonfler jusqu'au moment de les utiliser.

6 Dans un petit bol, dépose le beurre ramolli. Ajoute la cassonade et, à l'aide d'une spatule ou d'une cuillère de bois, mélange jusqu'à consistance de crème épaisse. Ajoute le reste des ingrédients (sauf les raisins secs) et, à l'aide d'un fouet, mélange jusqu'à ce que la garniture soit lisse.

7 Si tu utilises les raisins secs, égoutte-les, éponge-les avec un essuie-tout et déposes-en quelques-uns dans les croûtes refroidies. Avec une cuillère, verse la garniture au sucre dans les croûtes en les remplissant aux trois quarts. Réduis la température du four à 325°F (160°C) et fais cuire les tartelettes de 20 à 22 minutes. (La garniture gonflera pendant la cuisson et elle retombera en refroidissant.) Laisse refroidir complètement avant de démouler.

Donne 11 tartelettes.

Tartelettes au sucre

Tarte glacée au chocolat

Cette douceur se compose d'une croûte chocolatée au goût de biscuit et d'une belle garniture onctueuse qui, quand on la congèle, devient ferme tout en restant légère. À ne pas offrir aux personnes qui sont réticentes à manger des plats préparés avec des blancs d'oeufs crus.

Matériel

assiette à tarte de 8 po (20 cm) de diamètre, batteur à oeufs

Croûte au chocolat

3/4 tasse (180 ml) de farine tout usage

1/4 tasse (60 ml) de sucre en poudre

2 c. à table (30 ml) de poudre de cacao non sucrée

pincée de sel

1/3 tasse (80 ml) de beurre non salé, ramolli

1 c. à table (15 ml) de sucre

1 gros jaune d'oeuf

1 c. à thé (5 ml) d'huile végétale

Garniture au chocolat

4 carrés de 1 oz/28 g chacun de chocolat sucré

2 gros blancs d'oeufs

pincée de sel

1 tasse (250 ml) de crème à 35 %

1/2 c. à thé (2 ml) d'essence de vanille

2 c. à thé (10 ml) de gaufrettes de chocolat émiettées
ou de chocolat râpé pour parsemer, si désiré

1 Croûte au chocolat. Dans un bol, à l'aide d'un tamis, tamise la farine, le sucre en poudre, la poudre de cacao et le sel. Mélange.

2 Dans un autre bol, dépose le beurre ramolli. Ajoute le sucre et, à l'aide d'une spatule ou d'une cuillère de bois, mélange jusqu'à consistance de crème épaisse. Ajoute le jaune d'oeuf et l'huile. Mélange.

3 Incorpore petit à petit les ingrédients secs au mélange de beurre (la pâte au chocolat sera molle). Presse uniformément la pâte dans une assiette à tarte. Assure-toi que la pâte sur le rebord de l'assiette n'est pas trop mince. Pique le fond de la croûte avec une fourchette à des intervalles de plus ou moins 1 po (2,5 cm). Réfrigère la croûte 15 minutes.

4 Préchauffe le four à 350°F (180°C).

5 Dépose l'assiette à tarte sur une plaque à pâtisserie et fais cuire la croûte de 18 à 20 minutes ou jusqu'à ce qu'elle ait perdu son brillant. Laisse-la refroidir complètement.

6 Garniture au chocolat. Dans un bol, chauffe les carrés de chocolat au micro-ondes à intensité moyenne (50 %) environ 2 minutes. Brasse. Remets le bol au micro-ondes et chauffe à intensité moyenne (50 %) de 1 à 2 minutes ou jusqu'à ce que le chocolat ait fondu. Brasse de nouveau et laisse le chocolat refroidir jusqu'à ce qu'il soit à la température ambiante.

7 Dans un petit bol, verse les blancs d'oeufs. Ajoute le sel et, à l'aide d'un batteur à oeufs, bats jusqu'à ce que les blancs d'oeufs soient blancs et fermes.

8 Dans un autre petit bol, verse la crème et l'essence de vanille, et, à l'aide d'un batteur à oeufs, fouette jusqu'à ce que la crème épaississe et qu'elle ait gonflé.

9 À l'aide d'une spatule, incorpore le chocolat refroidi à la crème fouettée. Incorpore ensuite les blancs d'oeufs de la même façon. Étale la garniture au chocolat dans la croûte refroidie. Parsème le dessus de gaufrettes émiettées ou de chocolat râpé, si désiré. Congèle la tarte environ 2 heures ou jusqu'à ce que la garniture soit ferme. Si la tarte est trop ferme pour être coupée, laisse-la ramollir au réfrigérateur ou à la température ambiante.

Donne 1 tarte.

147

Tarte aux fruits

On dirait un dessert acheté à la pâtisserie. La différence : c'est un gâteau
qui sert de base, plutôt qu'une croûte à tarte traditionnelle.

Matériel

assiette à tarte à fond amovible de 8 po (20 cm) de
diamètre et de 3/4 po (2 cm) de profondeur

Gâteau et garniture crémeuse

2 c. à table (30 ml) de beurre non salé, ramolli

1/2 tasse (125 ml) de sucre

1 gros oeuf

1/2 c. à thé (2 ml) d'essence de vanille

pincée de sel

1/4 tasse (60 ml) de lait

1/2 tasse (125 ml) de farine tout usage

1/2 c. à thé (2 ml) de poudre à pâte

2/3 tasse (160 ml) de pouding à la vanille ou de
crème pâtissière (du commerce)

environ 1 tasse (250 ml) de fruits mélangés (fraises,
bleuets, framboises, tranches de banane, raisins
frais ou demi-abricots en boîte, tranches de
pêches, quartiers d'orange)

Glace

2 c. à thé (10 ml) de sucre

2 c. à thé (10 ml) de fécule de maïs

1/2 tasse (125 ml) d'eau

2 c. à thé (10 ml) de jus de citron

1 Préchauffe le four à 350°F (180°C).

2 Graisse et farine une assiette à tarte et dépose-la
sur une plaque à pâtisserie.

3 Gâteau et garniture crémeuse. Dans un bol, dépose le
beurre ramolli. Ajoute le sucre et, à l'aide d'une spatule ou d'une cuillère de bois, mélange jusqu'à consistance de crème épaisse. Ajoute l'oeuf, l'essence de
vanille et le sel. Mélange. Incorpore petit à petit le lait.

4 Dans un autre bol, à l'aide d'un tamis, tamise la
farine et la poudre à pâte. Mélange.

5 À l'aide d'un fouet, incorpore petit à petit les ingrédients secs au mélange de beurre. Verse la pâte dans
l'assiette à tarte. Mets la plaque à pâtisserie (sur
laquelle tu as déposé l'assiette à tarte) au four et fais
cuire le gâteau environ 25 minutes ou jusqu'à ce qu'il
soit doré. Laisse le gâteau refroidir complètement
avant de le démouler en poussant sur le fond amovible de l'assiette. Dépose le gâteau dans une assiette
de service, en laissant en place le fond amovible.

6 Étale le pouding à la vanille ou la crème pâtissière
sur le gâteau et garnis-le de fruits.

7 Glace. Dans un bol, mélange le sucre et la fécule de
maïs. À l'aide d'un fouet, incorpore l'eau et le jus de
citron. Défais les grumeaux avec une cuillère.
Chauffe la préparation au micro-ondes à intensité
moyenne (50 %) environ 1 1/2 minute ou jusqu'à
ce qu'elle épaississe. Brasse jusqu'à ce qu'elle soit
lisse. Remets-la au micro-ondes et chauffe à intensité moyenne (50 %) 1 1/2 minute. Brasse jusqu'à
ce que la glace soit lisse. Laisse-la refroidir légèrement avant de la verser sur les fruits. Laisse refroidir
la tarte au réfrigérateur avant de la servir.

Donne 1 tarte.

Tarte aux fruits

6

Friandises, régals glacés et autres gourmandises

Crème glacée à saveur de tarte

aux pommes 152

Crème glacée au chocolat 154

Fruits marbrés au chocolat 155

Bouchées au chocolat, aux amandes

et à la noix de coco 157

Crème glacée au lait malté

et aux bananes 158

Yogourt glacé aux fraises 159

Noix de Grenoble grillées

à la cannelle 160

Fudge classique 162

Fudge au sirop d'érable

et aux pistaches 163

Bonbons marbrés 164

Gâteau étagé aux fraises

et au chocolat 166

Guimauves à la noix de coco grillée 167

Oeufs de dinosaure 169

Crème glacée à saveur de tarte aux pommes

Qui aurait pensé donner à un dessert glacé le goût incomparable d'une succulente tarte aux pommes chaude ?

Matériel

batteur à oeufs, moule à pain de 8 po x 4 po (20 cm x 10 cm) (de préférence en aluminium, car les moules ordinaires risquent de se détériorer au congélateur) ou bol allant au congélateur, ou six petits moules en papier

Ingrédients

1/2 tasse (125 ml) de crème à 35 %

2 carrés de 1 oz/28g chacun de chocolat blanc

1 gros oeuf

1/2 tasse (125 ml) de sucre

2/3 tasse (160 ml) de yogourt nature
   (1 % de matières grasses ou plus)

1/2 tasse (125 ml) de compote de pommes lisse
   non sucrée

1/8 c. à thé (0,5 ml) de cannelle

3 ou 4 gouttes d'essence de vanille

2 c. à table (30 ml) de chapelure de biscuits Graham

1 Dans un bol, verse la crème. Ajoute les carrés de chocolat. Chauffe le tout au micro-ondes à intensité moyenne (50 %) 2 minutes. Brasse la préparation. Remets-la au micro-ondes et chauffe-la à intensité moyenne (50 %) 2 minutes ou jusqu'à ce que le chocolat ait fondu. Brasse de nouveau la préparation jusqu'à ce qu'elle soit lisse. Laisse-la refroidir.

2 Dans un petit bol, à l'aide d'un batteur à oeufs, bats l'oeuf jusqu'à ce qu'il épaississe et qu'il soit crémeux. Ajoute petit à petit le sucre en battant.

3 Ajoute le mélange d'oeuf à la préparation de chocolat fondu en battant. Chauffe cette préparation au micro-ondes à intensité moyenne (50 %) 2 minutes. Brasse la préparation. Remets-la au micro-ondes et chauffe-la à intensité moyenne (50 %) 1 minute ou jusqu'à ce qu'elle épaississe. Brasse de nouveau la préparation jusqu'à ce qu'elle soit lisse. Laisse-la refroidir légèrement.

4 Dans un autre bol, mélange le yogourt, la compote de pommes, la cannelle et l'essence de vanille. Ajoute la préparation de chocolat refroidie et mélange bien. Saupoudre la chapelure de biscuits Graham sur la préparation et mélange une fois à la spatule (ne l'incorpore pas complètement).

5 Verse la préparation dans un moule à pain, un bol allant au congélateur ou des moules en papier. Congèle au moins 3 heures ou jusqu'à ce que la crème glacée ait pris. Vérifie si elle est prête en la pressant délicatement au centre. Si la crème glacée est trop dure pour être servie, laisse-la ramollir quelques minutes à la température ambiante.

Donne 1 recette de crème glacée.

Crème glacée à saveur de tarte aux pommes (page 152)   Crème glacée au chocolat (page 154)   **153**

Crème glacée au chocolat

Une riche crème glacée décorée de paillettes. On peut aussi utiliser cette recette pour faire des sucettes glacées au chocolat ; dans ce cas, il ne faut pas ajouter de paillettes.

Matériel

batteur à oeufs, moule à pain de 8 po x 4 po (20 cm x 10 cm) (de préférence en aluminium, car les moules ordinaires risquent de se détériorer au congélateur) ou bol allant au congélateur, ou six petits moules en papier ou à sucettes glacées

Ingrédients

1 gros oeuf

1/2 tasse (125 ml) de sucre

1/2 tasse (125 ml) de crème à 35 %

2 carrés de 1 oz/28 g chacun de chocolat mi-sucré

1/2 tasse (125 ml) de yogourt nature
   (2 % de matières grasses ou plus)

1/2 c. à thé (2 ml) d'essence de vanille

1 à 2 c. à thé (5 à 10 ml) de paillettes

1   Dans un petit bol, à l'aide d'un fouet, mélange l'oeuf et le sucre. Puis, à l'aide d'un batteur à oeufs, bats le mélange jusqu'à ce qu'il épaississe, et qu'il soit crémeux et jaune pâle. Ajoute la crème en battant jusqu'à ce que la préparation soit homogène.

2   Chauffe la préparation crémeuse au micro-ondes à intensité moyenne (50 %) 2 minutes ou jusqu'à ce qu'elle épaississe légèrement sur le bord. À l'aide d'une spatule, brasse la préparation jusqu'à ce qu'elle soit lisse. Remets le bol au micro-ondes et chauffe à intensité moyenne (50 %) 2 minutes.

Brasse de nouveau la préparation jusqu'à ce qu'elle soit lisse.

3   Dans un autre bol, fais fondre les carrés de chocolat au micro-ondes à intensité moyenne (50 %), en brassant à la mi-cuisson, de 2 à 3 minutes. Brasse de nouveau. À l'aide de la spatule, incorpore le chocolat fondu à la préparation crémeuse. Laisse refroidir la préparation de chocolat jusqu'à ce qu'elle soit à la température ambiante.

4   Incorpore le yogourt et l'essence de vanille à la préparation de chocolat refroidie. À l'aide du batteur à oeufs, bats la préparation jusqu'à ce qu'elle soit légère et crémeuse. Verse la préparation dans un moule à pain, un bol, des moules en papier ou à sucettes glacées. Parsème de paillettes (ne brasse pas).

5   Congèle environ 3 heures ou jusqu'à ce que la crème glacée soit ferme. Si elle est trop dure pour être servie, laisse-la ramollir quelques minutes à la température ambiante.

Donne 1 recette de crème glacée.

Fruits marbrés au chocolat

En trempant une fraction de seconde des fraises, des cerises et des quartiers d'orange dans deux sortes de chocolat fondu, on leur donne un enrobage marbré. À croquer !

Ingrédients

huit fraises, huit cerises, huit quartiers d'orange
   ou huit morceaux d'autres fruits
1 carré de 1 oz/28 g de chocolat mi-sucré
1 carré de 1 oz/28 g de chocolat blanc

1   Tapisse une plaque à pâtisserie de papier parchemin ou de papier ciré. Assure-toi que les fruits sont bien asséchés (pour permettre au chocolat de bien y adhérer).

2   Dépose le carré de chocolat mi-sucré dans le fond d'un petit bol et place le carré de chocolat blanc par-dessus. (On place le chocolat blanc sur le chocolat brun pour éviter qu'il ne touche le fond du bol et qu'il ne brûle.) Fais fondre les chocolats au micro-ondes à intensité moyenne (50 %), en brassant une fois à la mi-cuisson, environ 3 minutes. Pour obtenir de belles marbrures, ne brasse pas trop.

3   En tenant un fruit par une extrémité, trempe-le dans le chocolat fondu une fraction de seconde, d'un seul geste. Pour obtenir un beau fruit marbré, ne tourne pas le fruit dans le chocolat. Dépose le fruit sur la plaque à pâtisserie. Répète ces opérations avec les autres fruits ou les morceaux de fruits. Réfrigère les fruits marbrés environ 15 minutes ou jusqu'à ce que le chocolat durcisse. Les fruits se dégustent lorsqu'ils sont froids.

Donne 8 fruits marbrés au chocolat.

Crème glacée au lait malté et aux bananes, et yogourt glacé aux fraises (pages 158 et 159)

Fruits marbrés au chocolat, et bouchées au chocolat, aux amandes et à la noix de coco (pages 155 et 157)

Bouchées au chocolat, aux amandes et à la noix de coco

Pas de cuisson pour ces bouchées chocolatées. Il suffit d'un micro-ondes
pour faire fondre le chocolat et d'un frigo pour le refroidir.

Ingrédients

4 carrés de 1 oz/28 g chacun de chocolat mi-sucré

1/2 tasse (125 ml) de flocons de noix de coco sucrés

1/2 tasse (125 ml) d'amandes effilées

2 c. à table (30 ml) de chapelure de biscuits Graham

1 Tapisse une plaque à pâtisserie de papier parchemin
ou de papier ciré. Mesure tous les ingrédients à l'a-
vance.

2 Dans un bol, chauffe les carrés de chocolat au
micro-ondes à intensité moyenne (50 %) de 2 à
3 minutes. À l'aide d'une spatule, brasse le chocolat. Remets le bol au micro-ondes et chauffe
1 minute ou jusqu'à ce que le chocolat ait fondu.

3 Ajoute le reste des ingrédients au chocolat fondu
et brasse pour bien les enrober.

4 Laisse tomber la préparation, par cuillerées, sur la
plaque à pâtisserie. Réfrigère les bouchées environ
20 minutes ou jusqu'à ce qu'elles soient fermes.

Donne environ 15 bouchées..

Crème glacée au lait malté et aux bananes

Les bananes se marient très bien avec le chocolat. Pour préparer ce petit régal, il faut deux bananes mûres.

Matériel

batteur à oeufs, environ six petits moules en papier

Ingrédients

1/3 tasse (80 ml) de boules au lait malté enrobées de chocolat (environ 17 boules)

2 bananes mûres

2 c. à thé (10 ml) de jus de citron

3/4 tasse (180 ml) de crème à 35 %

3 c. à table (45 ml) de sucre

1/4 c. à thé (1 ml) d'essence de vanille

1 c. à table (15 ml) de poudre de chocolat pour boisson maltée (de type Ovaltine), si désiré quelques boules au lait malté enrobées de chocolat entières (qui n'auront pas été émiettées) pour garnir, si désiré

1 Dépose les boules au lait malté dans un sac de plastique résistant et ferme le sac hermétiquement. À l'aide d'un rouleau à pâtisserie ou d'une grande tasse à café, émiette les boules au lait malté (les miettes doivent être de différentes grosseurs, elles ne doivent pas être moulues, c'est-à-dire avoir une apparence de poudre).

2 Dans un bol, écrase les bananes pelées avec un presse-purée ou une fourchette. Tu devrais obtenir environ 1 tasse (250 ml) de purée de bananes. Incorpore le jus de citron à la purée de bananes.

3 Dans un petit bol, verse la crème. À l'aide d'un batteur à oeufs, fouette la crème jusqu'à ce qu'elle épaississe (elle aura une texture de crème glacée fondue). Ajoute petit à petit le sucre en fouettant jusqu'à ce que la préparation soit épaisse et crémeuse (ne fouette pas trop, car elle ne doit pas former des pics fermes). À l'aide d'une spatule, ajoute la crème fouettée à la préparation de bananes et mélange bien. À l'aide de la spatule, incorpore délicatement les boules au lait malté émiettées, l'essence de vanille et la poudre de chocolat pour boisson maltée, si désiré.

4 Verse la préparation dans des moules en papier. Garnis chacun d'une boule au lait malté entière, si désiré. Congèle la préparation environ 3 heures ou jusqu'à ce qu'elle soit ferme. Vérifie si elle est prête en la pressant délicatement au centre du bout du doigt. Si la crème glacée est trop dure pour être servie, laisse-la ramollir quelques minutes à la température ambiante.

Donne 1 recette de crème glacée.

Yogourt glacé aux fraises

Moitié crème glacée, moitié yogourt glacé, ce dessert a un bon goût de fraises fraîches.

Matériel

batteur à oeufs, environ six petits moules en papier

Ingrédients

1 tasse (250 ml) de fraises fraîches

1/2 tasse (125 ml) de yogourt nature
   (1 % de matières grasses ou plus)

1/2 tasse (125 ml) de crème à 35 %

1/4 tasse (60 ml) de sucre

1 Lave les fraises et éponge-les avec un essuie-tout. Enlève les queues avec un couteau de table. N'enlève pas trop de chair des fraises, mais assure-toi qu'il ne reste plus de parties dures. Coupe les fraises en deux et dépose-les dans un bol. Réduis-les en purée avec un presse-purée ou une fourchette.

2 Ajoute le yogourt à la purée de fraises et mélange.

3 Dans un petit bol, à l'aide d'un batteur à oeufs, fouette la crème jusqu'à ce qu'elle épaississe (elle aura une texture de crème glacée fondue). Ajoute petit à petit le sucre en fouettant jusqu'à ce que la préparation soit épaisse et crémeuse (ne fouette pas trop, sinon la crème aura un goût de beurre).

4 À l'aide d'une spatule, incorpore la crème fouettée à la préparation de fraises.

5 Verse la préparation dans des moules en papier. Congèle la préparation environ 3 heures ou jusqu'à ce qu'elle soit ferme. Vérifie si elle est prête en la pressant délicatement au centre du bout du doigt. Si le yogourt glacé est trop dur pour être servi, laisse-le ramollir quelques minutes à la température ambiante.

Donne 1 recette de yogourt glacé.

Noix de Grenoble grillées à la cannelle

En grillant au four, ces noix deviennent croquantes
et dégagent leur délicieux arôme dans la maison.

Ingrédients

1 gros blanc d'oeuf

1/4 tasse (60 ml) de sucre en poudre

1/2 c. à thé (2 ml) d'essence de vanille

1/4 c. à thé (1 ml) de cannelle

pincée de muscade

2 gouttes d'essence d'orange, si désiré

1 1/2 tasse (375 ml) de noix de Grenoble
   ou de pacanes

1 Préchauffe le four à 325°F (160°C).

2 Tapisse une plaque à pâtisserie de papier parchemin.

3 Dans un grand bol, à l'aide d'un fouet, mélange le blanc d'oeuf, le sucre en poudre, l'essence de vanille, la cannelle, la muscade et l'essence d'orange, si désiré, jusqu'à consistance lisse. Ajoute les noix de Grenoble ou les pacanes et mélange avec une cuillère pour bien les enrober de sirop. Prends les noix avec tes mains, par poignées (laisse le sirop dans le bol), et étends-les sur la plaque à pâtisserie. Lave tes mains.

4 Fais griller les noix au four environ 20 minutes ou jusqu'à ce qu'elles aient l'air séchées, qu'elles soient dorées et qu'elles dégagent leur arôme.

Donne 1 1/2 tasse (375 ml) de noix grillées.

Noix de Grenoble grillées à la cannelle (page 160)

Fudge classique, et fudge au sirop d'érable
et aux pistaches (pages 162 et 163)

Fudge classique

Cet irrésistible fudge se prépare tout simplement au micro-ondes, pas besoin de la cuisinière. Au début, il a une texture épaisse et coulante et, en refroidissant, il devient plus ferme.

Matériel

moule à pain miniature de 6 po x 3 po (15 cm x 8 cm) ou plat de plastique rond ou carré à fond plat de 4 ou 5 po (10 ou 13 cm) de diamètre ou de côté

Ingrédients

1/2 tasse (125 ml) de lait concentré sucré

6 carrés de 1 oz/28 g chacun de chocolat mi-sucré

1/2 c. à thé (2 ml) de beurre non salé

1/4 c. à thé (1 ml) d'essence de vanille

1/4 tasse (60 ml) de noix de Grenoble
  ou de pacanes hachées, si désiré

1 Avant de commencer, mesure tous les ingrédients et enduis l'intérieur d'un moule à pain ou d'un plat d'huile végétale. Tapisse ensuite le moule ou le plat d'une pellicule de plastique en la lissant le plus possible dans le fond et sur les parois, et en laissant dépasser un grand excédent.

2 Dans un bol, verse le lait concentré. Ajoute les carrés de chocolat. Chauffe le tout au micro-ondes à intensité moyenne (50 %) 2 minutes. Brasse la préparation avec une spatule. Remets le bol au micro-ondes et chauffe à intensité moyenne (50 %) 1 minute ou jusqu'à ce que le chocolat ait fondu. Si ce n'est pas le cas, chauffe la préparation à intensité moyenne (50 %) 30 secondes. Brasse de nouveau la préparation jusqu'à ce qu'elle soit lisse.

3 Ajoute le reste des ingrédients dans le bol. À l'aide de la spatule, mélange vigoureusement jusqu'à ce que la préparation soit lisse. Verse le fudge dans le moule à pain ou le plat et étends-le en pressant avec la palette de la spatule. Réfrigère le fudge environ 10 minutes ou jusqu'à ce qu'il ait pris. En soulevant la pellicule de plastique, démoule le fudge. Demande de l'aide pour le couper en carrés.

Donne 1 recette de fudge.

Fudge au sirop d'érable et aux pistaches

Ce fudge est juste ce qu'il faut pour se sucrer le bec. Sa texture, tout d'abord épaisse et coulante, devient plus ferme en refroidissant.

Matériel

moule à pain miniature de 6 po x 3 po (15 cm x 8 cm) ou plat de plastique rond ou carré à fond plat de 4 ou 5 po (10 ou 13 cm) de diamètre ou de côté

Ingrédients

2 c. à table (30 ml) de cassonade, tassée

1/4 tasse (60 ml) de lait concentré sucré

6 carrés de 1 oz/28 g chacun de chocolat blanc

2 c. à table (30 ml) de sirop d'érable
   ou 1 c. à table (15 ml) pour un fudge plus ferme

1/4 c. à thé (1 ml) d'essence de vanille

pincée de sel

1/4 tasse (60 ml) de pistaches entières, ou de noix de
   Grenoble ou de pacanes hachées

1 Avant de commencer, mesure tous les ingrédients et enduis l'intérieur d'un moule à pain ou d'un plat d'huile végétale. Tapisse ensuite le moule ou le plat d'une pellicule de plastique en la lissant le plus possible dans le fond et sur les parois, et en laissant dépasser un grand excédent.

2 Dans un bol, mélange la cassonade et le lait concentré. Ajoute les carrés de chocolat. Chauffe le tout au micro-ondes à intensité moyenne (50 %) 2 minutes. Brasse la préparation avec une spatule. Remets le bol au micro-ondes et chauffe à intensité moyenne (50 %) 1 minute ou jusqu'à ce que le chocolat ait fondu. Si ce n'est pas le cas, chauffe la préparation à intensité moyenne (50 %) 30 secondes. Brasse de nouveau la préparation jusqu'à ce qu'elle soit lisse.

3 Ajoute le reste des ingrédients dans le bol. À l'aide de la spatule, mélange vigoureusement jusqu'à ce que la préparation soit lisse et que le sirop d'érable soit bien incorporé et ne soit plus coulant. Verse le fudge dans le moule à pain ou le plat et étends-le en pressant avec la palette de la spatule. Réfrigère le fudge environ 10 minutes ou jusqu'à ce qu'il ait pris. En soulevant la pellicule de plastique, démoule le fudge. Demande de l'aide pour le couper en carrés.

Donne 1 recette de fudge.

Bonbons marbrés

Tous différents les uns des autres, ces bonbons sont très sucrés et chouettes à préparer
Comme ils ne nécessitent aucune cuisson, ils remporteront à coup sûr la palme auprès
des enfants invités à la maison.

Ingrédients

1/4 tasse (60 ml) de lait concentré sucré

1/4 tasse (60 ml) de sirop de maïs incolore
   (utilise le sirop de maïs foncé, faute de mieux)

1 c. à table (15 ml) de beurre non salé, ramolli

pincée de sel

3 tasses (750 ml) de sucre en poudre ou plus

3 ou 4 colorants alimentaires de couleurs différentes

1   Dans un grand bol, à l'aide d'une spatule ou d'une cuillère de bois, mélange le lait concentré, le sirop de maïs, le beurre ramolli et le sel.

2   Dans un autre bol, à l'aide d'un tamis, tamise le sucre en poudre. Incorpore-le au mélange de sirop de maïs, environ 1/2 tasse (125 ml) à la fois. La préparation se raffermira à mesure que tu ajouteras du sucre en poudre. Pétris la préparation dans le bol avec tes mains jusqu'à ce qu'il ne reste plus de trace du sucre en poudre. (La pâte à bonbons devrait être ferme et lisse et avoir une texture de pâte à modeler.) Si la pâte à bonbons colle dans tes mains, ajoute quelques cuillerées de sucre en poudre en la pétrissant jusqu'à ce qu'elle soit ferme.

3   Divise la pâte en quatre portions plus ou moins égales. Mets une portion dans trois sacs de plastique et laisses-en une dans le bol. Ajoute une goutte ou deux de colorant alimentaire dans chaque sac (une couleur différente dans chaque sac) et ferme les sacs hermétiquement. Incorpore le colorant dans la pâte à bonbons en la pétrissant avec tes mains. Ne colore pas la pâte à bonbons restée dans le bol. (Mais si tu utilises le sirop de maïs foncé, colore aussi celle que tu as laissée dans le bol, car elle ne sera pas blanche de toute façon.)

4   Prends une petite quantité de pâte de chacune des quatre couleurs, colle-les ensemble et roule-les en une boule. Pour un effet différent, façonne un peu de pâte à bonbons en longues lanières avant de les coller avec d'autres couleurs et de les rouler en boules. Conserve les boules au réfrigérateur.

Donne environ 2 douzaines de bonbons.

Bonbons marbrés (page 164)   Gâteau étagé aux fraises et au chocolat (page 166)   **165**

Gâteau étagé aux fraises et au chocolat

Dans cette recette, des biscuits Graham remplacent les tranches de gâteau.
Entre ces tranches, on étend une garniture crémeuse aux fraises.
Le tout est réfrigéré toute la nuit. Les gourmands devront patienter…

Matériel

batteur à oeufs, moule à pain de 8 po x 4 po (20 cm x 10 cm) ou moule à pain un peu plus grand

Gâteau étagé

2/3 tasse (160 ml) de crème à 35 %

2 c. à thé (10 ml) de sucre

1/2 tasse (125 ml) de confiture de fraises

1 boîte de biscuits Graham (il restera des biscuits)

Glaçage au chocolat

3/4 tasse (180 ml) de sucre en poudre

3 c. à table (45 ml) de poudre de cacao non sucrée

2 c. à table (30 ml) d'eau

1 c. à table (15 ml) de beurre non salé

1/4 c. à thé (1 ml) d'essence de vanille

1 Gâteau étagé. Dans un petit bol, à l'aide d'un batteur à oeufs, fouette la crème avec le sucre jusqu'à ce qu'elle ait gonflé. Dépose la confiture de fraises dans une petite tasse et brasse-la avec une cuillère pour la ramollir. À l'aide d'une spatule, incorpore la confiture à la crème fouettée. Mets de côté cette garniture.

2 Couvre le fond d'un moule à pain d'une couche de biscuits Graham. Dépose des biscuits jusqu'aux parois du moule. Remplis les espaces vides avec des morceaux de biscuits. Ne t'en fais pas si ça a l'air un peu désordonné.

3 À l'aide de la spatule, étends 1/3 tasse (80 ml) de la garniture crémeuse aux fraises sur les biscuits. Couvre d'une autre couche de biscuits. Presse très délicatement sur les biscuits pour faire sortir l'air. Continue de superposer ainsi les biscuits et la garniture, de manière à obtenir cinq étages de biscuits et quatre étages de garniture. Termine par une couche de biscuits. Ne remplis pas complètement le moule. Laisse un espace d'environ 1/2 po (1 cm) dans le haut du moule.

4 Glaçage au chocolat. Dans un bol, à l'aide d'un tamis, tamise le sucre en poudre et la poudre de cacao. Mets de côté ce bol.

5 Dans un bol, chauffe l'eau et le beurre au micro-ondes à intensité moyenne (50 %) environ 30 secondes ou jusqu'à ce que le beurre ait fondu. Brasse. À l'aide d'un fouet, incorpore la préparation de beurre au mélange de sucre en poudre. Ajoute l'essence de vanille et brasse jusqu'à ce que la préparation soit lisse. Verse ce glaçage au chocolat sur le gâteau. Réfrigère le gâteau toute la nuit. Coupe le gâteau en tranches ou sers-le avec une cuillère.

Donne 1 gâteau étagé.

Guimauves à la noix de coco grillée

Ces petites guimauves ne nécessitent aucune cuisson. Elles sont légères comme un nuage, pas trop sucrées et roulées dans des flocons de noix de coco grillés. Mieux vaut ne pas les offrir aux personnes réticentes à manger des mets préparés avec des blancs d'oeufs crus.

Matériel

plat de plastique rond à fond plat de 6 po (15 cm) de diamètre, batteur à oeufs, emporte-pièce rond de 1 1/2 po (4 cm) de diamètre

Ingrédients

1 c. à table (15 ml) de gélatine sans saveur (1 sachet)

2 c. à table (30 ml) d'eau

1/4 tasse (60 ml) d'eau

2 c. à table (30 ml) de sucre

2 c. à table (30 ml) de lait en poudre écrémé

2 gros blancs d'oeufs

pincée de sel

1/2 tasse (125 ml) de flocons de noix de coco sucrés

1. Rince à l'eau froide l'intérieur d'un plat (l'eau aide la pellicule de plastique à bien adhérer à la surface). Tapisse le plat d'une pellicule de plastique, en la lissant le plus possible dans le fond et sur la paroi.

2. Dans une petite tasse, mélange la gélatine et 2 c. à table (30 ml) d'eau. Laisse la gélatine ramollir.

3. Dans un bol, mélange 1/4 tasse (60 ml) d'eau, le sucre et le lait en poudre. Chauffe le tout au micro-ondes à intensité moyenne (50 %) 1 1/2 minute. Ajoute la préparation de gélatine ramollie au mélange de lait chaud et brasse avec une fourchette ou un petit fouet jusqu'à ce que la gélatine soit dissoute. Mets de côté cette préparation.

4. Dans un petit bol, à l'aide d'un batteur à oeufs, bats les blancs d'oeufs avec le sel jusqu'à ce qu'ils deviennent blancs et qu'ils aient gonflé (il ne doit pas rester de blancs d'oeufs liquides au fond du bol). Verse la moitié de la préparation de gélatine sur les blancs d'oeufs en battant. Verse le reste de la préparation de gélatine en battant.

5. Verse la préparation de guimauve dans le plat et étends-la uniformément en une couche de 1 po (2,5 cm) d'épaisseur. Réfrigère la préparation environ 15 minutes.

6. Préchauffe le four à 350°F (180°C). Tapisse une plaque à pâtisserie de papier parchemin et étends-y les flocons de noix de coco. Fais-les griller au four environ 2 minutes ou jusqu'à ce qu'ils commencent à dorer sans brûler. Laisse-les refroidir.

7. En soulevant la pellicule de plastique, démoule la préparation de guimauve refroidie. Trempe l'emporte-pièce rond (si tu l'utilises) dans de l'eau froide et découpe 12 cercles dans la préparation de guimauve. Ou trempe un couteau de table dans de l'eau froide et coupe la préparation de guimauve en 24 carrés. Roule tous les côtés de chaque guimauve dans les flocons de noix de coco refroidis. Conserve les guimauves au réfrigérateur.

Donne 12 guimauves rondes ou 24 guimauves carrées.

Guimauves à la noix de coco grillée (page 167)   Oeufs de dinosaure (page 169)

Oeufs de dinosaure

Ils sont tellement amusants à préparer avec des amis ! En cuisant, la meringue épaisse prend la forme d'oeufs. Même que pendant la cuisson, certains oeufs craqueront comme s'ils venaient d'éclore.

Matériel

batteur à oeufs

Ingrédients

1 gros blanc d'oeuf

pincée de sel

1/2 tasse (125 ml) de sucre

1/2 c. à thé (2 ml) de poudre de chocolat pour boisson maltée (de type Ovaltine) ou de gélatine à saveur de fruit

1 Préchauffe le four à 350°F (180°C).

2 Tapisse une plaque à pâtisserie de papier parchemin.

3 Dans un petit bol, à l'aide d'un batteur à oeufs, bats le blanc d'oeuf avec le sel jusqu'à ce qu'il ait gonflé. Ajoute petit à petit le sucre en battant jusqu'à ce que le mélange devienne blanc et ferme. (Tu auras peut-être besoin d'aide pour cette opération.) Lorsque le mélange devient trop ferme pour être battu, incorpore le reste du sucre avec une cuillère. (La préparation doit être assez épaisse pour former des pics fermes.)

4 À l'aide d'une cuillère à thé, prélève une petite quantité, de la grosseur d'une noix de Grenoble, dans la préparation de blanc d'oeuf (cette préparation s'appelle une meringue). Fais glisser la meringue délicatement avec tes doigts de la cuillère à la plaque à pâtisserie. Plus le monticule de meringue sera ovale et haut, plus il ressemblera à un oeuf quand il sera cuit. Pour façonner la meringue en forme d'oeuf, trempe tes doigts dans de l'eau froide et presse délicatement la base du monticule pour lui donner une forme ovale, puis lisse les pics qui se seraient formés sur le dessus de la meringue.

5 Prépare 10 oeufs de cette façon et dépose-les sur la plaque à pâtisserie en les espaçant d'environ 3 po (8 cm). Lave et assèche tes mains.

6 Saupoudre chaque oeuf d'un peu de poudre de chocolat pour boisson maltée ou de gélatine à saveur de fruit pour leur donner plus de saveur et en même temps imiter l'apparence des oeufs. Pour saupoudrer les oeufs uniformément, place-toi à quelques pouces au-dessus d'eux. Si tu saupoudres les oeufs de trop près, il risque de se former des grumeaux. Tu peux aussi ne pas saupoudrer tous les oeufs et en laisser quelques-uns nature.

7 Fais cuire les oeufs au four 12 minutes ou jusqu'à ce qu'ils aient gonflé et qu'ils forment une coquille dure à l'extérieur. (Certains oeufs vont craquer. En fait, ils sont censés craquer.) Laisse les oeufs refroidir complètement avant de les retirer de la plaque à pâtisserie.

Donne 10 oeufs de dinosaure.

Glossaire

Beurre non salé – Toutes les recettes sont préparées avec du beurre non salé. La margarine non salée peut le remplacer, mais les résultats seront légèrement différents. À titre d'exemple, les biscuits s'étaleront plus en cuisant.

Beurre ramolli – Laisser reposer le beurre froid à la température ambiante pendant plusieurs heures ou toute une nuit pour qu'il ramollisse.

Bicarbonate de sodium – Appelé aussi bicarbonate de soude.

Brisures de chocolat – Utiliser les brisures de chocolat au lait ou de chocolat noir. Toutes deux sont sucrées.

Cassonade – Elle peut être pâle, blonde, foncée… S'assurer qu'elle est molle pour pouvoir bien la tasser dans une tasse ou une cuillère à mesurer. Plus la cassonade est foncée, plus la recette qui en contient goûtera la mélasse.

Chocolat – Chocolat utilisé pour la cuisson, vendu en carrés de 1 oz (28 g). On trouve un choix varié : mi-sucré, sucré, non sucré, mi-amer et blanc. Lorsqu'on fait fondre des carrés de chocolat au micro-ondes à intensité moyenne (50 %), ils gardent leur forme et deviennent luisants. Ils ne fondent pas uniformément. Pour bien les faire fondre, les chauffer à intensité moyenne (50 %) le temps indiqué dans la recette, en les brassant à la mi-cuisson. Vérifier si le chocolat a fondu en y trempant une cuillère. Si ce n'est pas le cas, le remettre au micro-ondes et le chauffer à intensité moyenne (50 %) 30 secondes à la fois. Puis le brasser.

Crème à 35 % – Appelée aussi crème à fouetter. Elle contient 35 % de matières grasses.

Farine à gâteau et à pâtisserie – Farine utilisée pour les gâteaux fins. À ne pas confondre avec la farine tout usage.

Farine tout usage (ou farine blanche) – Ne remplace pas la farine à gâteau et à pâtisserie ou la farine à pain. Voir « Mesurer les ingrédients » dans la section « Organiser la cuisine pour des enfants ».

Fécule de maïs – Appelée aussi amidon de maïs.

Fromage râpé – Fromage déjà râpé ou râpé par un adulte. Les jeunes enfants ne devraient pas utiliser de râpe à fromage.

Laisser refroidir – Laisser refroidir à la température ambiante. À ne pas confondre avec refroidir au réfrigérateur.

Lait – Utiliser du lait de vache qui contient 1 % ou plus de matières grasses.

Lait concentré sucré – Lait épais et sucré vendu en boîte. À ne pas confondre avec le lait évaporé.

Lait en poudre – Vendu en sac ou en vrac, écrémé ou à faible teneur en matières grasses.

Levure instantanée – Levure sèche (granules) qui réagit plus rapidement que la levure sèche ordinaire. Elle est parfois appelée levure à levée rapide. Il faut dissoudre la levure dans de l'eau avant de s'en servir dans les recettes. Une fois dissoute, toute la préparation de levure (eau et mousse) doit être incorporée à la recette. Voir « Travailler avec de la levure et du beurre » dans la section « Organiser la cuisine pour des enfants ».

Oeufs – Utiliser des oeufs de calibre gros pour de meilleurs résultats. Pour séparer les oeufs, voir « Ustensiles de base » dans la section « Organiser la cuisine pour des enfants ».

Pommes de terre en flocons – Pommes de terre déshydratées en flocons utilisées pour préparer de la purée. Vendues en sachet ou en vrac.

Poudre à pâte – Poudre qui aide à faire lever les gâteaux et les biscuits. À ne pas confondre avec le bicarbonate de sodium. On l'appelle aussi levure chimique ou poudre à lever.

Poudre de cacao non sucrée – Ne contient aucun sucre. Utiliser une poudre de cacao, méthode hollandaise (de type Fry's), appelée aussi poudre de cacao alcalinisée. Ce type de poudre de cacao ne réagit pas de la même manière dans les recettes que les poudres de cacao naturelles ou sucrées. Voir « Mesurer les ingrédients » dans la section « Organiser la cuisine pour des enfants ».

Ramequin – Moule en céramique de 6 po (15 cm) de diamètre, appelé aussi moule à soufflé. On s'en sert pour la cuisson des petits gâteaux. On en trouve dans les magasins d'articles de cuisine. Plusieurs recettes de gâteau présentées ici peuvent se préparer dans ce ramequin ou encore dans un moule en métal ordinaire de 8 po (20 cm) de diamètre.

Réfrigérer – Refroidir au réfrigérateur.

Sel à l'ail, sel à l'oignon – Il s'agit de sels aromatisés et non de poudres d'ail ou d'oignon. Si on ne dispose que de poudres, on peut les utiliser dans les mêmes proportions que les sels, mais en ajoutant une pincée de sel de table dans la préparation.

Sirop de maïs – Sirop épais et sucré obtenu à partir de maïs. On trouve du sirop de maïs foncé de couleur ambrée et du sirop de maïs incolore, appelé sirop de maïs blanc ou léger. Les deux types de sirop sont interchangeables, mais le sirop de maïs foncé donne une couleur dorée aux préparations. Si le type de sirop n'est pas précisé, on utilise le sirop qu'on a sous la main.

Sucre – Appelé aussi sucre granulé ou sucre blanc.

Sucre extra-fin – Appelé aussi sucre à fruits.

Sucre en poudre – Appelé aussi sucre glace ou sucre à glacer. Voir « Mesurer les ingrédients » dans la section « Organiser la cuisine pour des enfants ».

Abréviations des mesures

g = gramme

L = litre

lb = livre

ml = millilitre

oz = once

c. à thé = cuillère à thé

c. à table = cuillère à table

Bibliographie

Bake It Yourself With Magic Baking Powder, Standard Brands Ltd., 1951.

BEARD, James. *Beard on Bread,* Toronto, Random House Canada Ltd., 1983.

MALGIERI, Nick. *Cookies Unlimited,* New York, HarperCollins, 2000.

The Velvet Touch, Robin Hood Flour Mills Ltd., exemplaire non daté.

WEINSTEIN, Bruce. *The Ultimate Candy Book,* New York, William Morrow, 2000.

Index

A

Abréviation des mesures 171
Assemblage du gâteau à trois étages 116

B

Barres
  Barres au beurre d'arachides et au chocolat 125
  Barres Nanaimo sans cuisson 126

Batteur à œufs 13
Beurre non salé 170
Beurre ramolli 170
Beurre, travailler avec 12
Bicarbonate de sodium 170

Biscuits
  Biscuits à l'avoine et aux raisins secs 64
  Biscuits alphabet, glaçage à biscuits 69
  Biscuits arc-en-ciel 84
  Biscuits au beurre d'arachides et à la confiture 82
  Biscuits au caramel 62
  Biscuits aux amandes 71
  Biscuits aux brisures de chocolat 66
  Biscuits aux deux chocolats 65
  Biscuits aux noisettes 67
  Biscuits étagés à la vanille 80
  Biscuits étagés au chocolat 79
  Biscuits roulés au chocolat et à la menthe 73
  Bonshommes en pain d'épice 76
  Flocons de neige 138
  Garnitures à biscuits 81
  Gaufrettes à la vanille 80
  Gaufrettes au chocolat 79
  Macarons à la noix de coco 63
  Sablés 72

Bols à mélanger 13
Bonbons marbrés 164
Bouchées au chocolat, aux amandes
et à la noix de coco 157

Boulettes
  Boulettes de poulet sur bâtonnets 25
  Boulettes de viande à l'italienne 37

Bretzels moelleux 50
Brioches à la cannelle 46
Brisures de chocolat 170

Brownies
  Brownies classiques, glaçage pour brownies 128
  Petits brownies aux guimauves 136

C

Carrés
  Carrés à la confiture 131
  Carrés au caramel 122
  Carrés au citron 133
  Carrés aux céréales de riz et au chocolat 130

Cassonade 170
Céréales granola à l'avoine 16

Chocolat, biscuits
  Biscuits aux brisures de chocolat 66
  Biscuits aux deux chocolats 65
  Biscuits étagés au chocolat 79
  Biscuits roulés au chocolat et à la menthe 73
  Gaufrettes au chocolat 79

Chocolat, bonbons et douceurs glacées
  Bouchées au chocolat, aux amandes
  et à la noix de coco 157
  Crème glacée au chocolat 154
  Fudge au sirop d'érable et aux pistaches 163
  Fudge classique 162
  Fruits marbrés au chocolat 155
  Tarte glacée au chocolat 146

Chocolat, gâteaux
  Gâteau au chocolat à trois étages, glaçage fondant
  au chocolat 114
  Gâteau au chocolat super facile, glaçage au lait concentré
  et au chocolat 95
  Gâteau carré au chocolat, glaçage crémeux
  au chocolat 100
  Gâteau étagé aux fraises et au chocolat 166
  Petits gâteaux au chocolat 100
  Petits gâteaux meuh-meuh 102
  Petits gâteaux moelleux au chocolat
  et aux guimauves 107
  Truffes moelleuses au gâteau 119

Chocolat, glaçages et sauces
  Garniture fondante au chocolat 107
  Glaçage au chocolat noir 92
  Glaçage au chocolat super facile 91
  Glaçage au lait concentré et au chocolat 96
  Glaçage Boston (glaçage fondant au chocolat) 89
  Glaçage crémeux au chocolat 101
  Glaçage fondant au chocolat 116
  Glaçage pour brownies 129
  Sauce au chocolat 135

Chocolat, pains
  Pain marbré 42
  Pain marbré aux bananes et au chocolat 41
  Pains au chocolat 44

Chocolat, pâtisseries, barres et carrés
  Barres au beurre d'arachides et au chocolat 125
  Barres Nanaimo sans cuisson 126
  Brownies classiques 128
  Carrés aux céréales de riz et au chocolat 130
  Petits brownies aux guimauves 136
  Tarte glacée au chocolat 146
  Tartelettes au chocolat 143

Chocolat, comment le fondre 170
Choux à la crème, sauce au chocolat 134

Confiseries
  Bonbons marbrés 164
  Bouchées au chocolat, aux amandes
  et à la noix de coco 157
  Fruits marbrés au chocolat 155
  Fudge au sirop d'érable et aux pistaches 163
  Fudge classique 162
  Guimauves à la noix de coco grillée 167
  Oeufs de dinosaure 169

Craquelins à l'ail et au poivre 54
Craquelins de blé entier 57
Crème à 35 % 170

Crème glacée
  Crème glacée à saveur de tarte aux pommes 152
  Crème glacée au chocolat 154
  Crème glacée au lait malté et aux bananes 158
  Yogourt glacé aux fraises 159

Croquettes de thon 21
Croûte à pizza 28

D

Déjeuners
  Brioches à la cannelle 46
  Céréales granola à l'avoine 16
  Muffins aux bleuets et au sucre à la cannelle 20
  Pain doré craquant 19

F

Farine
  À gâteau et à pâtisserie 170
  Tout usage 170

Fariner un moule 10
Fécule de maïs 170
Flocons de neige 138

Fouet 13
Four conventionnel, utilisation 12
Fromage râpé 170

Fruits et confitures, biscuits
  Biscuits à l'avoine et aux raisins secs 64
  Biscuits au beurre d'arachides et à la confiture 82
  Biscuits aux amandes 71
  Biscuits aux brisures de chocolat 66

Fruits et confitures, carrés
  Carrés à la confiture 131
  Carrés au citron 133

Fruits et confitures, confiseries
  Fruits marbrés au chocolat 155

Fruits et confitures, crème glacée
  Crème glacée au lait malté et aux bananes 158
  Crème glacée à saveur de tarte aux pommes 152
  Yogourt glacé aux fraises 159

Fruits et confitures, gâteaux
  Gâteau aux pêches 110
  Gâteau aux pommes et à la cannelle, glaçage à la cassonade 112
  Gâteau étagé aux fraises et au chocolat 166
  Petits gâteaux-poudings au citron 109

Fruits et confitures, pains et muffins
  Pain au citron, glaçage au citron 104
  Pain marbré aux bananes et au chocolat 41
  Muffins aux bleuets et au sucre à la cannelle 20

Fruits et confitures, tartes
  Petites tartes meringuées au citron 140
  Tarte aux fruits 148

Fudge au sirop d'érable et aux pistaches 163
Fudge classique 162

G

Garnitures à biscuits
  Garniture à la noix de coco 81
  Garniture au caramel 81
  Garniture au chocolat au lait 81

Garniture au citron 140

Gâteaux
  Gâteau à trois étages, assemblage 116
  Gâteau à la vanille ultraléger 106
  Gâteau au chocolat à trois étages,
  glaçage fondant au chocolat 114
  Gâteau au chocolat blanc à trois étages,
  glaçage au chocolat blanc 117

Gâteau au chocolat super facile, glaçage au lait concentré
et au chocolat 95
Gâteau aux pêches 110
Gâteau aux pommes et à la cannelle, glaçage à la cassonade 112
Gâteau blanc classique à la vanille 88
Gâteau Boston, glaçage fondant au chocolat 89
Gâteau carré au chocolat, glaçage crémeux au chocolat 100
Gâteau étagé aux fraises et au chocolat 166
Glacer un gâteau, comment 93
Petits gâteaux à la vanille, glaçage à petits gâteaux 97
Petits gâteaux au chocolat 100
Petits gâteaux meuh-meuh 102
Petits gâteaux moelleux au chocolat et aux guimauves 107
Petits gâteaux-poudings au citron 109
Truffes moelleuses au gâteau 119

Gaufrettes à la vanille 80
Gaufrettes au chocolat 79

Glaçages
Comment glacer un gâteau 93
Garniture fondante au chocolat 107
Glace à biscuits alphabets 69
Glaçage à biscuits 69
Glaçage à la cassonade 113
Glaçage à petits gâteaux 98
Glaçage au citron 104
Glaçage au chocolat blanc 118
Glaçage au chocolat noir 92
Glaçage au chocolat super facile 91
Glaçage au lait concentré et au chocolat 96
Glaçage au sucre 47
Glaçage blanc super facile 91
Glaçage Boston (glaçage fondant au chocolat) 89
Glaçage crémeux au beurre 92
Glaçage crémeux au chocolat 101
Glaçage fondant au chocolat 116
Glaçage pour brownies 129
Glaçages à gâteau 91

Guimauves
Carrés aux céréales de riz et au chocolat 130
Guimauves à la noix de coco grillée 167
Petits brownies aux guimauves 136
Petits gâteaux moelleux au chocolat et aux guimauves 107

L
Laisser refroidir 170
Lait
Concentré sucré, en poudre 170

Levure
Instantanée 170
Travailler avec 12

Légumes
Mini-carottes glacées 31
Papillotes de pois et de maïs miniatures 34

M
Macarons à la noix de coco 63
Meringue 140

Mesurer
Farine, poudre de cacao, sucre en poudre, tasses 11

Mesures, abréviations 171
Micro-ondes, utilisation 12
Mini-carottes glacées 31
Mini-pain de viande surprise 33
Muffins aux bleuets et au sucre à la cannelle 20

N
Noix et noix de coco, barres et carrés
Barres au beurre d'arachides et au chocolat 125
Barres Nanaimo sans cuisson 126
Petits brownies aux guimauves 136

Noix et noix de coco, biscuits
Biscuits au beurre d'arachides et à la confiture 82
Biscuits aux amandes 71
Biscuits aux brisures de chocolat 66
Biscuits aux noisettes 67
Flocons de neige 138
Garniture à la noix de coco 81
Macarons à la noix de coco 63

Noix et noix de coco, confiseries et douceurs glacées
Bouchées au chocolat, aux amandes et à la noix de coco 157
Fudge au sirop d'érable et aux pistaches 163
Fudge classique 162
Guimauves à la noix de coco grillée 167
Noix de Grenoble grillées à la cannelle 160

Nouilles sautées à la thaïlandaise (pad thaï) 23

O
Oeufs
Batteur à oeufs 13
Oeufs de dinosaure 169
Calibre 171
Séparateur à oeufs 13
Tasses et bols pour battre les blancs 13

P

Pain au cheddar 49
Pain doré craquant 19
Pain pizza 53

Pains-gâteaux
    Pain au citron, glaçage au citron 104
    Pain marbré 42
    Pain marbré aux bananes et au chocolat 41
    Pains au chocolat 44

Papier parchemin 13
Papillotes de pois et de maïs miniatures 34

Pâtes
    Nouilles sautées à la thaïlandaise (*pad thaï*) 23
    Penne aux deux fromages 24
    Raviolis à la chinoise 27

Penne aux deux fromages 24
Petites tartes meringuées au citron 140
Petits brownies aux guimauves 136
Petits gâteaux à la vanille, glaçage à petits gâteaux 97
Petits gâteaux au chocolat 100
Petits gâteaux meuh-meuh 102
Petits gâteaux moelleux au chocolat et aux guimauves 107
Petits gâteaux-poudings au citron 109
Petits pains aux pommes de terre 51
Petits pâtés chinois 35
Pilons de poulet croustillants 30
Pizzas à la croûte parfaite 28

Poisson
    Croquettes de thon 21

Pommes de terre en flocons 171
Poudre à pâte 171
Poudre de cacao non sucrée 171

Poulet
    Boulettes de poulet sur bâtonnets 25
    Pilons de poulet croustillants 30

R

Raviolis à la chinoise 27

S

Sablés 72

Sans cuisson au four conventionnel
    Barres Nanaimo sans cuisson 126
    Bonbons marbrés 164

Bouchées au chocolat, aux amandes
    et à la noix de coco 157
    Carrés aux céréales de riz et au chocolat 130
    Crème glacée à saveur de tarte aux pommes 152
    Crème glacée au chocolat 154
    Crème glacée au lait malté et aux bananes 158
    Fruits marbrés au chocolat 155
    Fudge au sirop d'érable et aux pistaches 163
    Fudge classique 162
    Garnitures à biscuits 81
    Gâteau étagé aux fraises et au chocolat 166
    Glaçages à gâteau 91
    Guimauves à la noix de coco grillée 167
    Yogourt glacé aux fraises 159

Sauce au chocolat 135
Sel à l'ail, sel à l'oignon 171
Sirop de maïs 171
Séparateur à oeufs 13

Sucre
Granulé ou blanc 171
Extra-fin 171
En poudre (sucre glace ou à glacer) 171

T

Tartes et tartelettes
    Petites tartes meringuées au citron 140
    Tarte aux fruits 148
    Tarte glacée au chocolat 146
    Tartelettes au chocolat 143
    Tartelettes au sucre 144

Truffes moelleuses au gâteau 119

U

Ustensiles de base 13

V

Viandes
    Boulettes de viande à l'italienne 37
    Mini-pain de viande surprise 33
    Petits pâtés chinois 35

Y

Yogourt glacé aux fraises 159